菩薩行

——維摩詰經的智慧

釋常啓——著

〔自序〕淨土不遠，就在人間

我們所在的這個塵世，是傳統佛教所謂的「世間」，雖然說真正的修行要在紅塵中鍊心，但是面對著五欲六塵、人際互動、功名得失、苦樂生死……，大多數人只能隨波逐流。很多人以為想要解脫煩惱，只能「看破紅塵」出家去，然而，「佛法在世間，不離世間覺」，佛法即心法，離開了世間，心還能覺悟出什麼真理呢？

《維摩詰經》的智慧是一劑從心下手的清涼藥方，不只重新定義了煩惱與世間，更主張火焰能化為紅蓮，娑婆穢土能轉為人間淨土，在在提示著我們不能離開世間，塵世就是覺醒生命的修行道場。

《維摩詰經》是一部大乘經典，以破斥小乘思想，讚歎宣揚大乘的菩薩行為宗旨，尤其對新學菩薩提供了層次分明的菩薩行修學次第，使其具有可操作的實踐性，並闡述了菩薩行的前提條件，讓人明白在苦惱的娑婆世界修學功德更加殊勝，給予極大的信心鼓舞。因此，《維摩詰經》所帶出的菩薩行精神，是對新學菩薩修學菩薩道的最佳指導，這也是與其他大乘經典的最大不同處，因此，本經不斷地有很多古今大德的論述著作產出。

筆者最初接觸《維摩詰經》的機緣，是因閱讀了一篇網路文章，用白話的方式演繹經中〈弟子品〉的劇情故事，生動地描述維摩詰居士如禪師一樣，經常神出鬼沒地出現在諸大聲聞聖僧面前，看穿其迷執，立即對症下藥，而他的「藥」，常常是智慧而簡捷的斷喝，單刀直入地切中層層疊疊的偏執，明確又痛快的風格引我入門，從此開始閱讀原典與相關著作。聖嚴師父的《修行在紅塵——維摩經六講》，針對不同主題，把《維摩詰經》解構分成六講，猶如廚師，以經典為食材，透過對這些材料的理解、選擇與重釋，炒出一道道容易消化的佳餚美味，等於將佛法通俗普化，使之成為易懂、易行的生活法寶，讓我們可以輕鬆地以法為食，享用法味。

若我們能體解古今大德的用心，在聽過別人的詮釋後，應該再回到原初材料，一方面還原廚師運用材料烹炒的過程；另一方面透過還原的過程，也能對材料本身有自己的心得。當我們按圖索驥找到了源頭寶藏，體會廚師的用心後，接下來就是運用這些食材，再供養出另一道佳餚與人分享，這是《維摩詰經》所提示的菩薩精神，也是這本書的成書因緣。

本書分為上、下兩卷，卷上導論共有六篇，第一篇〈維摩詰何許人也？〉，透過維摩詰居士的本、迹二門，認識本經的主人翁；第二篇〈《維摩詰經》修行核心——淨土、菩薩道、不二〉，為了把握一經之關要，得先掌握本經的核心要旨，以避免障蔽經義和散而無歸，三者環環相扣，能盡通全經之脈絡；第三篇〈魔道是通往佛道的資糧〉，從魔道即佛道、煩惱即菩提來開顯本經修行的核心——不二法門的旨趣；第四篇〈聲聞乘與菩薩乘的修行〉，對於本經處處破斥聲聞的表現，先打個預防針，不可因此輕視聲聞教法，只因法無高下，因病施藥，善用其法，法法皆可成為菩薩行的利生靈藥；第五篇〈《維摩詰經》和人間淨土〉，從淨土思想的根源會通本經的淨土觀，不反對求生淨土，但更重視人間淨土的建設；第六篇〈《維摩詰經》的現代菩薩行〉，運用本經提供的智慧與方便，現代人也能以凡夫身行菩薩道。

卷下是梳理各品脈絡，《維摩詰經》共分十四品，依通例區分，第一品為序分，記述法會之緣起；第二品至第十二品為正宗分，是一部經的主體內容；末後兩品為流通分，即結束語，是佛陀囑託弟子如何奉持此經。

本書爬梳經文的重點在於回到說法源頭，不採逐句消文解釋或白話翻譯，也不只取一句一偈而望文生義，而是放下傲慢，謙卑柔軟地貼近經典本身，讓經典回放到自己的文本脈絡，跟著脈絡一步步走下去，進而能從經的文義次第、組織科段中掌握要旨，與導論的六篇相互印證。

閱讀上，可以從卷上導論開始，掌握要旨，再來通經脈絡；亦可先從卷下解經閱讀起，層層遞進各品的文義，漸漸明瞭全經的脈絡與要旨後，再回頭閱讀六篇導論，更能心心相印。

期待本書能承接佛陀留下的心靈遺產，成為指引我們前行的北極星，我們只需把行動帶到此刻當下，就能再創屬於現代的菩薩行，如此，淨土不遠，就在人間。

釋常悟

目錄

卷下 解經篇

卷上

導論篇

維摩詰何許人也？

維摩詰何許人也？從《維摩詰經》生動的描繪中，或許可以顯其輪廓，窺其堂奧。

遊戲人間的古佛

根據經中〈方便品〉的介紹，可知這位鼎鼎大名的善知識，是一位住在毘舍離城的大富長者，他年高德劭、富可敵國。過去生中，曾供養無量諸佛，深植善本，因此他行、住、坐、臥皆有菩薩般的威儀，心量如同大海般深廣，為諸佛所讚歎。歷來盛傳他其實是古佛再來，前身是金粟如來。

因為與眾生有緣，他降生娑婆世界，又為了方便度化眾生，以白衣的身分住世。他善於運用深廣智慧，深知眾生心的趣向，故得以度化各種根器的眾生。他還能顯示各種身分與面貌而隨機應化，深入各個領域族群，並成為其中最尊貴的領導者。有人認為他是土豪，雖然富貴卻經常出入賭場與妓院；有人認為他像禪師，應機逗教，責難樂小乘法的阿羅漢，他的機關棒喝總能敲開人們最深的執著；也有人認為他是大魔術師，展現幻術，小大相容，變座取食，信手拈來，毫不費力。總之，他一下子是一位德才兼備、受人景仰的智慧長者，一下子又似一位遊戲神通的人間頑童，高深莫測得讓人琢磨不透。

若與善財童子五十三參中的善知識比較，每位菩薩均各自利用其生活、職能與技藝利導眾生，而維摩詰居士卻是統攝所有角色於一身，以各種面向因勢利導，接引與他有緣的眾生。上可承擔類如禪師之職責，直接扭斷眾生的執取，下也可以親炙士、農、工、商，和光同塵，因此，廚房、賭場、淫舍都有他的身影。

比較特別的是，維摩詰經常示現生病，只為國王、王子、宰官、商人、農夫等前來慰問時，藉機對探病者講述相應的佛法，破除每個人內心深處的執著與錯誤的知見。生過病的人都知道，病苦使人萎靡不振，還會引發諸如悲傷無助、易怒防備的情緒，所謂「英雄最怕病來磨」，不只病人受苦，對身邊照顧的人更是折磨，病苦有種種的負面意向，我們都不想要生病。但維摩詰憑著深廣的悲智願行，反而利用老弱病苦的色身教示眾生，要藉色身修佛身，故得以無畏病苦，因為他深知光明必包容黑暗，彼此相互共生互融，唯有真正面對暗影，光明的面相才會是全面而圓融的。就像我們認為垃圾汙穢骯髒，但若懂得將垃圾做分類回收，反而可以轉成回饋地球的再生資源。維摩詰通體包容所有的面向，轉化再發揮，故能轉大法輪，令所有人無不景仰。

所以，維摩詰度世的心量，如同海納百川，海水不是只有接受清澈的河水，連汙濁之水也是一體含受，而不以為穢，任何生物大如鯨魚、小如磷蝦，都可以在大海中生存，這是大海的功德，也是維摩詰的功德。

菩薩的內功和武功招式

由此可知，維摩詰不僅具備自身受益的「自行德」，還兼具利益眾生的「益他德」。如果將維摩詰的自行德及益他德，分別比喻為武俠小說提到的「內功」及「武功招式」，究竟何者比較重要呢？

許多人都看過金庸的武俠小說，《倚天屠龍記》的主角張無忌，因緣際會學了沒有任何招式的純內功「九陽神功」，當他被關在明教的地穴，就憑藉著這個深厚的內功根底，在短短幾個時辰內就將「乾坤大挪移」練到第六層，因此迅速脫離險境。《天龍八部》裡的虛竹，也有類似的遭遇，因為他接受了無崖子等前輩數十載的功力，才能利用簡單的招式就與鳩摩智打成平手。反觀《笑傲江湖》的令狐沖，雖然有一代劍客風清揚傳授獨孤九劍，領悟到「無招勝有招」的曠世絕學，但當時他內力薄弱，爾後又受了內傷，所以面對任我行石破天驚般的一聲狂嘯，他的劍術就變得無用武之地，瞬間耳鼓被震破，登時不醒人事。等到令狐沖學會「吸星大法」，有了內功基礎，這才變得天下無敵，可見內功多麼重要。

維摩詰的自行德和益他德也是一樣的道理，自行德如同深厚的內功，益他德類似武功招式。雖然進到眾生群中行菩薩道，靠時間累積諸多利生的招式，但還是需要以自身德行的強大內功為根基。從佛法名相來看，先得根本智，亦即如內功般的般若空智，才得以發揮如招式般的方便智，兩者都是智慧，不一不二。維摩詰雖然大多展現菩薩道的方便大行，但不能忽略方便是般若所起的巧用，兩者要相資相成，才能實現大乘的不可思議解脫。

不可思議解脫法門

《維摩詰所說經》簡稱《維摩經》或《維摩詰經》，是鳩摩羅什大師翻譯版本的經題。為什麼取這個名字呢？在第十四品〈囑累品〉中提及，阿難請教佛陀這部經應當如何稱呼，佛陀說此經名為「維摩詰所說」，又可稱作「不可思議解脫法門」，因此，本經有兩個名字，也有人將之合稱為《維摩詰所說不可思議解脫經》，即是依據維摩詰名字，加上其所說的不可思議解脫的法門而立名的，所以本經是既依人，也依法而立。一般來說，以人物來命名，所要彰顯的主角德行，一定有足以撐起整部經所要表達的精神。因此，維摩詰這位長者居士一定有他超群拔類、足堪典範之處。

「維摩詰」翻譯成中文是「淨名」或「無垢稱」，所以也有部分學者稱《維摩詰經》為《淨名經》。許多人在稱呼維摩詰的時候，也會直接稱他為淨名，例如淨名居士、淨名菩薩。若將「維摩詰」拆開來看，「維摩」代表無垢，「詰」則指名譽、信譽，兩者合在一起，則指此人的德行清淨無染而聲名遠揚，亦可說是清淨的實至名歸。那維摩詰是哪一種清淨呢？

本性清淨和離垢清淨

一般來說，清淨可分為本性清淨和離垢清淨。什麼是本性清淨呢？就是本來如此。一如虛空的廣大無垠，既不會被雲朵障蔽，也不會被霧霾汙染，是本來如此的。即使有水氣、有汙染，空間裡的設施被弄亂了，也不可能障礙住虛空，影響到虛空本身，這便稱作「本性清淨」。

然而，當烏雲出現，昏天暗地，或是沙塵暴一吹，塵沙滿天，空氣汙染，我們的視野就會被遮蔽，就好像走在臺北市高樓林立的街道上，抬頭望向天空，卻被周圍的建築物擋住，無法看見天空的全貌。可是，當風止息或驟雨洗塵後，陽光普照，雲朵、霧霾全部散去時，廣大無垠的虛空便會一覽無遺，這種清淨就稱作「離垢清淨」。

也就是說，本性清淨和離垢清淨這兩種清淨，都是同樣的虛空、同樣的清淨，差別在於本性清淨像太陽永遠遍照，虛空永遠無垠，離垢清淨則需要悲智雙運才能不被烏雲蔽日。我們的本性本來清淨，可是烏雲一遮住，光線照不進來，功德力便無法顯發出來，唯有透過發菩提心、修菩薩行，袪除煩惱雜染，讓烏雲散去，原本在虛空中的光明智慧及神通妙用才能夠彰顯。

維摩詰展現的種種自在神力，例如，從須彌相國借了廣大的獅子座來到小的空間，大小相容，時間短長互相交融，看起來非常不可思議，其實都是維摩詰久遠劫來，經過修行、修證，離垢清淨之後自然展現的。因此，《維摩詰經》屬於離垢的清淨。

另外，清淨還可分為與汙濁相對的清淨和不離汙濁的清淨。

什麼是與汙濁相對的清淨呢？就好像一根被拔起的白蘿蔔，必須要離開汙泥，方能清洗乾淨，才能用來料理食用。不離開汙染，就不可能清淨。這種清淨有如小乘的解脫，得要掙脫束縛，得要離開生死雜染，找一個清淨處、修一個清淨法，那是與生死一刀兩斷的涅槃。這一種清淨，基本上是相對二法，一切為二，只取汙濁另一邊的清淨。

《阿彌陀經》所說的極樂國土，無有眾苦，但受諸樂。在極樂世界沒有苦，只有樂，這是屬於哪一種清淨呢？《法華經》說阿彌陀佛的淨土是化城，是一個魔幻的城市，讓疲憊的行者有暫時停泊、休息的地方，但是修行並未就此結束，需要還入娑婆，廣度眾生。因此，極樂淨土是暫時離開了苦和汙濁的清淨，也是與汙濁相對的清淨。

汙染和清淨不二

而不離汙濁的清淨，就像蓮花種在虛空中無法生長，必須要種在有水和汙泥的地方，才可生長。蓮花必須共生共存於汙泥，儘管水和汙泥都無法沾附其上，也儘管周圍的泥巴充滿臭味，蓮花卻始終芬芳。但一般人只重視蓮花出汙泥而不染的特質，卻忽略了清淨的蓮花是無法脫離汙濁的環境而生長的，這種清淨必須從汙染裡才能找到。就像有光便有影，有男人這個名詞，就一定有女人這個相對詞語一樣，相依相存，是一種你中有我、我中有你的通體包融。維摩詰的清淨，就是這種不離汙濁的清淨，因此能同體大悲，物我一如，用更全面寬廣的視野看待自他與世界。

只有嘗過飢餓滋味的人，才能夠體會有飯可吃的幸福。就像八國聯軍時，慈禧太后帶著光緒皇帝一起逃難。據說，他們逃難時挨餓了好幾天，終於吃到了一顆很粗糙的包子，兩人都覺得這是天下最美味的食物。由此可知，沒有經歷痛苦，哪來的喜悅幸福？沒有領略過削骨寒風的人，如何理解有衣服穿的可貴？沒有受過地獄的苦，怎會知道天堂的價值？因此能傾聽兩邊、擺渡兩邊，知道生命如何苦迫，又如何快樂；知道心靈如何被蒙蔽，又如何明亮；知道自由如何被束縛，又如何解脫，更能發揮大乘菩薩的無垢清淨，亦即不離汙染的清淨，不離生死的雜染。要在眾生當中，了解煩惱當中，克服煩惱，教化眾生，紅塵不迷亦不離，這才是不離汙染的無垢清淨，也是大乘菩薩的精神。

看懂了維摩詰的兩種清淨，我們便能看透維摩詰是何許人也。像維摩詰這樣一位離垢清淨的人，無論他身在何處，所在之處便是淨土。他的生命劇本，能沒有障礙地隨緣度化眾生，種種善巧方便，為眾生應運而生，因此他穿街走巷，深入社會各階層，聲聞、緣覺與菩薩都是他教化的對象，也出入常人認為正人君子不該去的地方，為了幫助沉迷於欲樂、無法自拔的人，現出可配合眾生愛好的行止，以引導眾生學佛。然而，無垢清淨的他，絕不會昏迷心智，偏離正道，反而可以和人打成一片，並受人尊敬，用正確的佛法來幫助眾人，而不流於孤芳自賞、曲高和寡，體現出「和而不流，染而不汙」的入世度化精神。他的多元與多變，反而形塑他的慈悲與智慧，成為大乘思想的典範人物。

《維摩詰經》修行核心

——淨土、菩薩道、不二

《維摩詰經》是我非常喜愛的一部經典，它不僅是法鼓山建設人間淨土理念的經典出處，其驚豔四座的經文戲劇性、維摩詰居士禪師特質的機鋒凌厲，以及引發反思的智慧對答，都讓人不忍釋卷。

我們常因過去的熏養與既定的觀念，產生種種的偏執，導致思考方式與行為模式的僵化與局限，透過讀誦與理解《維摩詰經》，有助於打破自己的思想窠臼，用更寬廣超越的角度看自己與世界，不再被單一的執念所綁架。經中有許多精彩的問答及演示，層層翻轉再叩問，進而產生新視野、新觀念與新對策，能完整體現圓滿的智慧，直搗修行的核心，每每讓我讀到拍案驚奇。

如何透過《維摩詰經》來修行？可分為觀念及方法兩個層面，且二者不可分開，因為方法的操作必須建構在觀念之上。當我們讀《維摩詰經》時，會發現有三個宗旨環環相扣，即淨土、菩薩道與不二。

建設淨土四步驟：心淨、行淨、眾生淨、國土淨

先從淨土來看，一般人會認為我們身處的世界是五濁惡世中的穢土，尤其「人類世」的到來，諸如極端氣候、無常旱澇、疫病戰爭等頻頻發生，因此人心思亂，浮躁難安，需要透過佛菩薩的慈悲願力，以及個人的信、願、行，求生到一個完全清淨快樂、無災無厄、沒有煩惱的淨土，譬如西方極樂淨土、藥師琉璃光淨土或阿閦佛淨土。可是《維摩詰經》提到的淨土，得在菩薩道和不二的觀念中去落實，淨與穢並非截然的兩邊，不用離開穢土，而希求淨土。因此，便簡而化之為「唯心淨土」——當下我們的心是清淨的，當下所處的地方就是淨土。

《維摩詰經》的淨土觀，雖是離開了「淨」與「穢」的兩邊，卻又不全然是唯心淨土，一般人以為「心淨則國土淨」是唯心所造的淨土，那麼，是不是只要把自

己照顧好就好了呢？《維摩詰經》在一開頭的〈佛國品〉就指出，要先行菩薩道，才有淨土可言。如何做到「心淨則國土淨」呢？從經文的脈絡可歸納出四個步驟：心淨、行淨、眾生淨、國土淨。

我們如果能以佛法來幫助自己，化解煩惱、放下心事，就會漸漸地恢復清淨，此即是「心淨」。心淨會與慈悲心相應，不會動不動就貪瞋、懷疑或與人計較怨懟，能換位思考，思人所思、感人所感，助人解決困境，令人感到溫暖慈愛。當個人的心清淨之後，展現在外的行為就會有品質，也就是「行淨」，行為清淨能影響周圍的人，也就是用行為感動他人，一如「無盡燈」法門，我為你點燈，你再將光明延續，燈燈相傳，直至無盡；我影響了別人，別人感動效法，會再去影響更多人，因此個人的「行淨」，引發眾人的「行淨」，聚沙成塔，便是「眾生淨」。

「行淨則眾生淨」的過程就是行菩薩道的過程，透過影響他人，令眾生淨，連帶眾生所處的外在環境，才有可能清淨，亦即「眾生淨則國土淨」。四個步驟增上互進，而說「隨其心淨，則國土淨」。然而，外在的環境和我們的心互為緣起，不能把心與境截然分成內與外，心與境是二而不二的，從這個觀點上來看，我們也可說《維摩詰經》雖有唯心淨土的一面，卻是建設淨土的實踐手段，實則需要透過不二與菩薩道的修持，心行相依方能成就淨土。

菩薩道：依眾生根器給予最需要的法

從菩薩道來講，一樣不能離開淨土、不能離開不二。

何謂菩薩道？利他為第一，菩薩不會只顧自己享樂或得到智慧，而不顧眾生的死活，菩薩以大慈悲心，為了安樂眾生而建設淨土，淨土可說是菩薩利生功德的結果。二乘聲聞光有自利的智慧，卻急於離苦，不能教化眾生，也就沒有淨土可言，所以必須行菩薩道，成熟眾生，方能莊嚴淨土。

菩薩道的手段是在不二的法義下建構的，一如維摩詰這樣一位菩薩行者，「明了眾生心之所趣，又能分別諸根利鈍」，知道眾生根器，就用適合他根器的方法來利益。因此，沒有絕對、固定或最好的單一手段，只有在善識眾生中，方有恰到好處的施為，於是便有「先以欲鉤牽，後令入佛智」的手段，甚至連衣服、臥具、飯食、園林等等一切施為，都可以當作是利益眾生的佛事展現。

譬如在〈方便品〉中，維摩詰示現生病，為來探病的凡夫眾生說法，包括國王、大臣等對象，說的是身體無常、無強、無力、無堅、速朽，為苦為惱，眾病所集，這不只是大、小乘共同的出發點，更是維摩詰觀凡夫執身體為我，故針對他們所說的修行方法，觀身無常、苦、不淨、空，應該出離，進而欣樂佛身，而佛身則在菩薩行履中，漸漸地形塑而成。

在〈弟子品〉中，他指導的對象是聲聞乘，聲聞和緣覺皆修解脫道，得四果阿羅漢，出三界生死，就不再來人間了。因為他們認為有彼岸、此岸，彼岸有究竟的涅槃之樂可得，此岸卻是人間疾苦，所以要趕快離苦得樂，斷生死而入涅槃。把生死與涅槃、苦與樂對立起來，兩者絕不相融，這樣的二分法底下，延伸出對修行的看法與實踐，也都是二分的。因此，佛陀的十大聲聞弟子，明明勤苦精進地修行，卻都被他訶責。譬如舍利弗宴坐被訶，只因舍利弗以為在森林僻處打坐，身體不動入定禪修，就是修行，可是維摩詰直陳不二法門，宴坐而不離開日常生活才是修行，打破動與靜、生活與禪定的界線。針對聲聞聖者，維摩詰破其最大的執著，講出對方最需要的方法——不二法門，也就是「離於兩邊」，不執著清淨涅槃的那一邊，而且要「無礙於兩邊」，不懼生死，入眾生群中，行菩薩行。

因此，在〈文殊師利問疾品〉最後提到的三十三對菩薩行中，「在於生死，不為污行；住於涅槃，不永滅度，是菩薩行。」「非凡夫行、非賢聖行是菩薩行……」皆離於兩邊、無礙於兩邊，所以行菩薩道就是行不二法門，就是建設淨土的實踐方法。

不二：不執著於兩邊的自在境界

《維摩詰經》從勝義諦的角度來看，維摩詰一默如雷地契入不二法門。但最終真正契入不二的，並不是進到一個沒有對立的世界——沒有語言文字、沒有思想的境界，而是不執著於兩者對立的自在境界，所謂不二是「即二，而不二」，是知道有善有惡，但不執著它，無礙而不生煩惱。

不二是在「有二」的兩邊裡，契入不二的，譬如〈觀眾生品〉中，天女散花示現後，天女問舍利弗解脫多久了，舍利弗默然無語，他的不說話，並非真的契入不二法門，只因解脫的境界沒法說，是離開語言文字相的，然而，天女卻說「言說文字，皆解脫相」，語言文字本身，就是解脫相，才是真不二，否則就把語言文字與解脫一分為二了。

聲聞乘認為的解脫，是離開了語言相、文字相與心緣相，沒辦法表達意會的，才是解脫，可這一不小心，便落入了二元對待的兩邊，如同「離冰取水」一樣，智者了達冰水同源，故只需融冰便能取水，這就是為何菩薩要在二法裡，契入不二的原因了。

所謂契入不二的境界，並不是沒有分別，而是在這個世界種種的是非善惡，許多的分別對待裡，我們能夠不執著兩邊的對待，就是「即二而不二」，誠如龐蘊居士所說：「但自無心於萬物，何妨萬物常圍繞？」否則隔絕了兩邊，慈悲如何實踐？眾生如何濟度？如此一來，就無法在這個世界利益眾生行菩薩道了，若非得離開這裡，到一個沒有對立的淨土，那就不是真不二，也不是真正的淨土。

經過個別理解《維摩詰經》的淨土、菩薩道與不二，便會發現三者相因相生，互相含攝，是一組動態的關係網，當我們要拿來修行時，若只聚焦在一處，便可能會出錯，因為它們是在動態的交流中存在，缺一不可，如何能孤立地修練呢？修淨土，卻缺菩薩道與不二的觀念，易落入自求安樂而捨垢取淨的淨土觀；修菩薩道，若無淨土目標與不二手段，易疲厭無力，隨眾生流轉；修不二法門，若無其他兩者輔助，易墮落沉空滯寂、水清無魚的無事窟中。因此，《維摩詰經》的三個修行旨要，既是一面鏡子，可用來檢視我們修行時，三者是否循環相生，環環相扣，不落偏頗；同時又提供實際可操作的修行方法，如同手提一把智慧劍，讓你我一般的凡夫，也能一路過關斬將。我們不妨以此方式在三界火宅裡鍛鍊一番，看看是否也能脫胎換骨出一個當代維摩詰！

魔道是通往佛道的資糧

維摩詰居士為古佛再來，為了方便度人，他「現身有疾」，從而向探病的大眾宣講相應的佛法，當時佛陀也一一請不同的大弟子與菩薩去探望，但都各自敘述被維摩詰彈訶的經過而不堪任詣問疾，最後只能由文殊菩薩前往，也因此與維摩詰在對話中開展出層層深邃的義理。

在《維摩詰經》裡，魔首先出現在〈菩薩品〉中，是他化自在天的天魔之首波旬，此魔以世人的欲樂為自身快樂的泉源，故當修行者漸不受欲樂所囿時，便會出現阻撓行者，以誘惑、脅迫等大勢力，企圖阻礙行者修道，甚至化為佛菩薩、僧人或護法神的模樣去曲解佛法，使人染欲棄道。廣義來說，不管是否為外境所致，只要是心有所執著，魔便可趁虛而入，現障道境界，使行者誤入歧途離開佛道的，都可稱作「魔」。

然而，這只是《維摩詰經》中魔的第一層次：先從「有」的角度，看穿並轉化障道的魔境；接著第二層次，則是從「空」的根源處，領會佛魔本平等一如。前二層次，一有一空，如智慧劍的雙利刃，既斬破魔擾，又平等視之，不與魔境對立，猶如悠遊於煩惱中，不受煩惱困頓的自在受用。然而手握智慧劍，自己受用還不夠，最終須以他受用的立場，翻轉為成佛之道的利他行，進入第三層次，即是直入魔境中順佛智慧的菩薩不二之行。

魔的第一層次：外在有形的魔擾

幻化為帝釋天的魔王波旬，率領一萬兩千名天女彈琴奏樂，前去考驗離群索居且好靜的持世菩薩，持世引導他不要貪戀五欲，因為五欲的無常速變，不如勤修戒、定、慧來得堅實永固，哪知魔王就想將眾天女都送給持世，以供養服侍他修行，表明自己的能捨，同時也誘惑佛子。持世訶責說：「沙門梵行清淨，怎麼可以接受天女！」這時維摩詰出現警示說：「那不是帝釋天，而是魔王來亂的！」維摩詰並表示他可以接受天女。魔王不得已便留下天女，於是維摩詰為天女說法，使其皆發菩提心，並以「法樂」自娛，再也不必耽於欲樂。

什麼是法樂？包含了樂信佛聽法、供養僧眾、脫離五欲、樂觀身心四大無我、樂斷一切煩惱、樂利益眾生、淨佛國土等三十二種法樂，其中的「樂親近善知識」易懂，而「樂將護惡知識」則難解。其實知其惡未必沒有好處，如《論語》說：「見賢思齊焉，見不賢而內自省也。」惡知識雖惡，卻是能成為我們的示警與借鏡，反而不可輕視；再者，如果厭離惡人，惡人不只得不到幫助，自己也會因憤恨、恐懼而對立仇視，所以也應該愛護與關切他們，幫助他們走上正途，避免再作惡而受苦。

依此精神，維摩詰告訴發了菩提心的天女們，可以在魔宮中修學無盡燈法門，「魔」宮象徵著有磨鍊考驗的地方，修行絕非是另覓一處安靜無擾的道場，有魔考之處正是悲智光明的修練場，要天女們以自己的光去照亮魔宮，如一傳百千燈，燈燈相續，讓眾生的菩提心永不斷絕，自身的修行也在隨緣說法之際，不斷地累積增長力量。

從維摩詰降伏天魔的智慧中，我們可學習到處理煩惱「磨」境的幾個步驟：首先得面對接納與感受；接著則需要有看穿煩惱的覺照力，否則必然隨之流轉，看穿這些煩惱的成分中，哪些是正向的資源，是向內的還是向外的；最後則是轉化與再利用。

深知天女們以往住在魔宮受到欲樂的熏染，維摩詰便說法樂以轉化舊習，兩者共同的內在皆是希求快樂，並以此源頭出發，深見五欲的過患，是使人向外追逐而沉溺墮落，屬於物質層面的快樂；而以佛法滋養法身慧命而生出的喜悅，則源於自心，是不被無常現象所左右的快樂。欲樂化為法樂，如同資源回收的垃圾，轉變成回饋地球的再生資源，重新成為利益眾生的資糧。

印度國父甘地透過不合作的非暴力運動，成功使印度脫離英國而獨立，起因卻是他在南非遭受歧視而感到的憤怒情緒，只是他把憤怒用於良善的力量，而不是盲目地以眼還眼，因此創造了建設性的改變。在《甘地教我的情商課》（*The Gift of Anger: And Other Lessons from My Grandfather Mahatma Gandhi*）他曾對被霸凌而暴力回擊的孫子說：「生氣的情緒之於人，一如汽油之於汽車，提供你前進、抵達更好的地方所需的燃料。沒有憤怒的情緒，我們就沒有迎接挑戰的動力。」他鼓勵孫子學會明智地將憤怒用於人類良善的目的。由此可知，如果我們能看清一切負面黑暗的魔境面相，深掘隱藏在此面貌下的良善，黑暗將化成綻放光明的最大力量，使得無盡燈法門能相互輝映。

魔的第二層次：藏在邪見裡的空

《維摩詰經》中，魔的第二層次，出現在〈文殊師利問疾品〉的空室對話，當文殊菩薩率領一行人浩浩蕩蕩前來探病時，見空蕩的丈室只留一張床與示現病容的維摩詰。文殊菩薩關切地問：「您的室內何以空空如也，怎麼沒有侍者？」「諸佛的國土不也是空的？」維摩詰回應後，便展開一連串關於空性的機鋒問答，最後竟導歸到，空要在六十二種邪見中尋求。

令人震驚的觀點，其實是教人不必離開邪見而另覓真空，就像鑽石在被打磨拋光前，它一直都是鑽石，但如果在被拋光之前看到它，我們會認為它只是一顆難看的石頭，那就是「邪見」。邪見不是本來就有的，只因背離了解脫才有，所以邪見當然也就要在諸佛解脫中求！解脫與邪見是一而二，二而一，隨染緣而起邪見，隨淨緣而得解脫，兩者同根同源，體性皆空。既然邪見與空慧不相捨離，那麼諸佛的解脫，也不能離開眾生的心行而別有覓處可求。

一陣機鋒解釋了真空的道理後，維摩詰才答覆文殊菩薩所問：「一切魔眾和諸外道都是我的侍者。」恭敬順從來服侍自己固然親同侍者，障礙輕慢我的也一樣親如侍者，因為在空性的法則下，物我一體，佛魔一如。眾魔愛樂生死，菩薩為度眾生，不捨生死，以便和他們同道而化度，故一切邪魔外道，都可以是侍者，且常相不離左右。

魔的第三層次：入魔道得佛智

最後的魔，出現在〈佛道品〉，卻是令人費解的直示，菩薩要通達佛道，則須行於非道（包含入魔道）；而成就如來的種因，竟是一切貪、瞋、癡等煩惱，等於說魔道即是佛道、煩惱即為如來種。前一個層次帶我們去思惟「在邪見之中可以求得解脫」，正邪、垢淨本一體性空的這種說法，已經甚深難懂了，這個層次更表明「清淨只能在汙穢中找到」，就像有人說「良善只能在醜惡中生長一樣」，令人難以接受。

然而，若以行菩薩道他受用的立場視之，則不難理解，菩薩悲憫眾生，入非道教化他們，但自己不被非道所染，就能從非道中通達佛道，「示行諸煩惱，而心常清淨；示入於魔，而順佛智慧」，如無厭足王示瞋恚而沒有惱怒心，如常不輕菩薩示愚癡而以智慧調伏眾生。不僅菩薩利他如此，世間的一切事物莫不如此：玉不琢不成器；天無秋收冬藏之逆，何有春生夏長之榮？亦如珍珠貝若無細沙入體，則無法生成出美麗的珍珠，煩惱之火，恰恰是覺悟之因。經文則以「高原陸地不生蓮華，卑濕淤泥乃生此華」、「殖種於空終不得生，糞壤之地乃能滋茂」，巧妙譬喻菩薩為利他而入於汙穢，反而能「先以欲鉤牽，後令入佛智」，如此則更能體會「非垢非淨，是菩薩行」的真諦。

綜觀《維摩詰經》三個層次的魔，從「有」魔（磨）境中轉化再利用，接著佛魔一如，以「空」平等視之，最後以菩薩度生的他受用角度，入於魔群中，不受魔嬈自在化眾，反而因入魔而得佛智。以上雖分三層次，實則三而一，皆以「不二」的空性貫穿菩薩道的修持，彰顯了維摩詰的方便力與大智慧，同時再再翻轉顛倒迷茫的凡夫妄見，擴大了偏頗狹隘的障蔽視野，好在這些妄見與障蔽都是如來種，也都是通達佛道的資糧。

聲聞乘與菩薩乘的修行

在佛陀圓寂後一百五十年，佛教從佛陀時代一味和合的樣態，分裂成兩個派別——傳統保守的「上座部」與偏向革新的「大眾部」。隨著時序推移，兩個部派不斷地分裂，一度多達二十五個部派。然而，保守派漸漸變得愈來愈僵化，由於僧團傾向於《阿毘達摩》的分析與研究，對抽象教法進行分類組織與闡釋，這些艱深的議論，使得實踐佛法變得困難，而且教法死板，不能在日常生活中活用，所以保守的僧團漸漸地無法履行對社會應盡的責任，又因沒有關注到僧團外的社會困境，變得愈來愈封閉與避世。

偏向革新的大眾部，逐漸意識到這件事的危機，認為佛教需要改變與成長，才能持續保持生命力，於是大約在西元前一世紀，由大眾部的傳承開始發展，並由佛教內部向外延伸，醞釀起一場大乘佛教的革命性運動，希望佛教是容得下一切眾生的大船，是能載運一切眾生到達解脫的大型車輛，而較早覺悟的人，應該開導眾生、啟發眾生，讓他們脫離由欲望、憎愛所組成的苦海，走向解脫與自在，這樣的人被稱為菩薩。

彈偏斥小的時代氛圍

當大乘開始發展時，大乘修行者稱呼不屬於大乘派別的為小乘，帶著貶低的意味說：「你們的車子頂多只能載你自己而已，而我們的車子大，載得動成千上萬人。」「大小」的用詞，顯示出當時大乘追隨者的優越與自負，因此，對於傳統部派佛教的聲聞採取了貶抑的立場，這就是「斥小」；對於忽略了般若的深悟，固化於事修與表相的教法，也要「彈偏」。「彈偏斥小」，是大乘佛法決心要與傳統聲聞教團分離的時代氛圍。

《維摩詰經》便在這樣大乘思潮蓬發的氛圍下結集而出，內容充滿了強烈入世度眾的精神，有著血氣方剛的年輕氣息，甚為斥責聲聞、緣覺的出世自利思想。比如在〈弟子品〉中，佛陀依次請舍利弗、大目犍連、須菩提等去探望生病的維摩詰，但這些佛陀的大弟子們皆因曾被指責，而不願前去慰問；舍利弗在〈不思議品〉與〈香積佛品〉只是動了念，想到久候多時的客人沒有座位可坐，以及牽掛大眾的午齋，就被維摩詰訶責，甚至在〈觀眾生品〉中與天女的來回應對，還被戲謔地變男變女，最後甘拜下風。這些敘述的用意，其實都在刻意彰顯聲聞乘的修法，有方便卻不究竟，而大乘法門才是最究竟的。

佛陀的因材施教

我們應該如何看待大乘初期的這種貶抑聲聞的現象呢？

首先，可以回到佛陀時代，看佛陀與他出家弟子對於凡夫的教導，先教他們認識因果，並鼓勵行善積德，以便能在輪迴中過得更好，但用意是讓眾生先遠離惡道，將來才有機會進一步脫離輪迴，這是一個循序漸進的過程。

對於現出家相的聲聞弟子，佛陀的教導則是直接授予解脫之道，透過戒、定、慧三學的修行，就可以從輪迴中得到解脫，而其中的禪定定學是在家人最無法做到的，因為需要特定條件才能成就，也就是必須遠離世俗的紛擾。因此，佛陀建議出家人要住在「阿蘭若處」，住在一個寂靜的森林，遠離城市、村落兩、三公里外，才有辦法發揮禪定的力量來開發智慧。於是，聲聞們便把焦點放在個人的救贖，單從個人的角度思考涅槃。

而大乘提出的理想，則是修行的果實要與一切眾生分享，所以菩薩一覺悟，就放棄了進入涅槃，直到所有眾生都解脫為止，才願成佛。所以大乘的觀點不考慮自己，所表現的佛教便是入世、積極且讓人感動的偉大情懷。

在基本了解了凡夫、聲聞與菩薩的差異後，我們用苦痛與幸福來對比，更能清楚他們的不同，以及為何大乘行者要這麼老婆心切地引導與攝化聲聞了。

關於面對痛苦的態度，凡夫確認痛苦存在，卻無法辨識清楚，因為它太模糊了，以致於在迷惑中以苦為樂，不斷地受苦而不自知；聲聞看得到卻看不透，他們傾向兩種想法，一是受苦時，只有苦而沒有樂，整個人生都是苦難與悲慘；第二個想法是以為只有百分百消除痛苦，才能幸福快樂，因為他們沒有覺察到痛苦的益處，以及痛苦的療癒本質。

菩薩則是了知痛苦和幸福之間有著密切的關聯，就像汙泥與蓮花的關係，當我們傾聽自己的痛苦，深入觀察它的本質，會發現慈悲與智慧就在痛苦當中，慈悲就像用汙泥種植蓮花，沒有汙泥就沒有蓮花，同樣地沒有痛苦，就沒有幸福。當痛苦生起時，菩薩不會嘗試逃走，而是採取另一種態度，善用痛苦來創造幸福。菩薩找到面對痛苦的方法，並將它轉化為幸福和慈悲。

當有僧人問「黃巢軍來，和尚向什麼處迴避？」時，我們就不難了解大安禪師為何會回答：「五蘊山中。」也會明白當有僧問「這麼熱，到哪裡避暑？」時，禪師會回答：「鍋裡、炭裡避。」這些問答都在回應著同一件事，我們所尋找的涅槃快樂，不用離開生死，就在輪迴中，所以菩薩願與眾生同在，不入涅槃，也可與苦惱同在，並感到幸福。

大乘開始於這種不為自己、只為眾生的慈悲心行，並極為深入地探索「不二」的原則與空性的智慧。空性並非空空如也，而是一切事物都缺乏一種本有、恆常的本質，無一物可以獨存或永遠不變，萬物的生起皆起於「緣起」這樣的基本佛教教義，而這正是上座部最為基礎的教義。只是大乘不僅止於此，他們繼續詮釋、延伸與運用，以因應瞬息萬變的情況，以及人們心靈上的需求。因此，我們不應該因為維摩詰的訶責而看輕聲聞，或排斥聲聞的教典或修法，而應該將之視為大乘教法的一種延續與深入，可以說聲聞教法就是大乘教法的源頭。甚至我們更應尊敬這些示現愚行的聲聞大弟子們，由於他們慈悲示現的一動念、一舉措，使得大乘的教法更引人入勝，流傳得更遠更廣，所以大阿羅漢的諸大聲聞們可謂是菩薩比丘，並非所有聲聞都是小乘。

法無高下，因病施藥

若用佛陀的眼睛來看凡夫眾生、聲聞與菩薩乘，就更不會為了一較高下而爭執不已了。佛陀不會說佛法這麼好，那把我的這雙鞋脫下來給你穿。因為佛門廣大，還有多到難以計數的鞋子，看你需要哪一雙，都可以為你量身訂做。佛陀站在制高的戰略點，傾聽同理各類眾生的需要，知眾生病、識各種藥、給服藥法，有時候勸病人服藥時，會用盡各種手段，其中也包含了訶斥。在〈菩薩品〉中，維摩詰連菩薩也都訶斥，訶是大慈悲、大智慧，是為了進一步幫助菩薩破惑提昇。由此可知，各種藥不應該分高下優劣，只要能治好病的，都是靈藥。

有詩云：「不畏浮雲遮望眼，只緣身在最高層。」站在利益眾生的戰略制高點，來看戰術手段，佛法就無高下，佛法皆殊勝，佛法皆妙同。只有不對機的人，沒有不殊勝的法門，我們不能站在自己的角度看他人的問題，不能站在局部看全體的問題，更不能站在戰術角度看戰略的問題，這樣便會以偏概全，錯失妙法。

放眼現今的漢傳佛教，念佛風氣非常興盛，但在同樣的時間刻度上，靜坐卻流行於南亞，歐美則流行正念禪修。佛說的一切法門，都是應病與藥，適應不同根基，所以不能固執任何一邊。佛說法的真實意義，存在與眾生的關係上，眾生能因之而藥到病除，開顯中道，否則再好的甘露，不應機也等於是毒藥。因此，讀《維摩詰經》千萬不可貶低了聲聞比丘或教法，才能還原佛教的整體性、圓融性與正確性。

《維摩詰經》和人間淨土

「淨土」一詞，通常是指佛國，一般認為，只有佛的國土才能清淨無染。相對於清淨的佛國淨土，「穢土」則是凡夫所住的煩惱世界。

凡夫所住的世界，充滿各種天災人禍、生老病死的煩惱，《維摩詰經》為何認為心淨則國土淨呢？

淨土的根源

穢土和淨土明明是截然不同的，現實的人間如何與佛的淨土畫上等號呢？穢淨不二，就邏輯意義上來看，確實產生了無法理解的矛盾。讓我們先從淨土的根源說起，再透過佛教淨土思想的開展，一一釐清，抽絲剝繭，還原《維摩詰經》的淨土意涵與實踐的著力點。

人類對於淨土的渴望，是比對現實的痛苦缺陷而來的，寄望能活在一個永無災難的幸福世界，而佛國淨土便是人們心之所盼的完美世界。例如阿彌陀佛的「極樂世界」，是因「無有眾苦，但受諸樂」而得名，是阿彌陀佛集合了所有淨土的優點，透過發願與行願所建設完成的佛土，歷來眾多的高僧大德皆鼓勵大家一起發願往生佛國淨土。

然而，「苦」畢竟是人生的事實，如何在當世解脫人生的苦海呢？佛陀所說的苦、集、滅、道四聖諦，即是離苦得樂的解脫法。四聖諦是圍繞著「苦」來談，佛陀要我們先知苦，而後修道斷苦因，亦即透過自我身心的修持，達成苦痛的解脫。同時，對於自我所輻射出去的自他與物我關係的苦，也都能一併地解除。在自我離苦得樂的當下，眾生和環境世界也都得以清淨。

「離苦」便是佛教淨土思想的根源，然而，要離苦談何容易，世尊教化的世界名為「娑婆」，便是以缺陷多、苦難多而得名。人們由於對人間現實的種種失望與執著，才會將淨土寄望在他方與未來的理想世界。

對人們來說，「淨土」原本是一個遙不可及的「名詞」，或是一個充滿想像的「形容詞」，直到大乘佛教的發展，才出現了具有「動詞」功能的淨土，得以將重點放在諸佛最初如何嚴淨國土上，不再只是比對現實的缺陷，或把希望寄望在死後、他方與未來，而是「淨」佛國土，把穢土轉成佛的淨土，在現實的人間完成淨土的建設。其中以《般若經》與《維摩詰經》，為代表的經典。

為何要建設淨土呢？《維摩詰經》表達的最為直接，是為了成就眾生才建設淨土的，帶著濃厚的大乘菩薩精神，把眾生與淨土世界的建設連結起來，我們從〈佛國品〉的第一個問題便可探知。寶積長者子問佛陀：「佛的清淨國土長什麼樣子呢？佛過去是如何胼手胝足地建立淨土的呢？」也就是問佛淨土的因與果，佛陀的回答意有所指：「眾生之類是菩薩佛土。」菩薩佛土是隨著各種眾生的需要而建，所以淨土的型態也依眾生而各有差異。淨土雖各別各異，但同樣都是為了成就眾生而建的，如同有空地為施作點，才能蓋起房屋一樣，想要在虛空中完成建造，那是不可能的事。換句話說，沒有眾生就沒有佛的淨土，眾生是因，佛淨土是果。

由此可知，不只「離苦」是佛教淨土思想的根源，從淨土因果來看，人間的眾生也是淨土的源頭，知道了源頭，便能追本溯源，一步步來建設人間淨土了。

淨土的實現

依著《維摩詰經》的觀點而行，如何讓我們的世界成為人間淨土呢？關鍵在於使此世界的眾生清淨，也就是從發菩提心開始，修四攝六度、自利利人的菩薩行，以成就眾生來使國土清淨。換句話說，有眾生的地方、有菩薩實踐佛法利生事業的地方，就是淨土，那現實的人間就可以是「淨」土，這是屬於「動詞」的淨土，它不只是佛國淨土的因，更是人間「淨」土的原意，亦是《維摩詰經》淨土的因行。

〈佛國品〉中，因為舍利弗見不到佛的淨土，而疑問著佛是不是過去的修行不夠清淨，導致所住世的娑婆世界不清淨，螺髻梵王則告訴舍利弗：「我見釋迦牟尼佛土清淨，譬如自在天宮。」於是佛用腳趾一按地，就讓眾人看到佛的國土清淨莊嚴，並告訴舍利弗：「我的國土常淨若此，是為了度煩惱下劣的眾生，才示現眾惡的不淨土。」也就是說，我們凡夫眾生所居的人間，這個眾苦交迫、煩惱不已的穢土，對佛來說一直都是淨土，而同樣都在人間，淨穢的差別在哪裡呢？這個差別即是「唯心淨土」。

因為心不平等，有高下分別，所見的就是穢土，這是螺髻梵王對舍利弗疑惑的回應，若從〈佛國品〉的另一句話「隨其心淨，則佛土淨」來看，如果眾生的心是清淨的，所見的環境也會是清淨的；因為佛的內心是清淨的，所以佛的世界也是清淨的，此即什麼心感應什麼法，什麼法造成什麼樣的世界。

在日本江戶時代，白隱禪師是一位知名的高僧，某天，一位武士來訪問道：「天堂、地獄有何區別？」禪師聽了，竟嘲笑著說：「就憑你這粗魯之人也配向我問道？」武士感到非常驚訝與憤怒，隨即抽出佩劍，朝禪師砍去，眼看就要人頭落地，禪師卻不慌不忙輕聲說道：「此乃地獄。」武士猛然覺悟，立刻放下手中的利劍，懺悔道歉。禪師見狀又說：「此乃天堂。」

天堂、地獄都來自內心的營造，別人的地獄，可能是你的天堂；而你的天堂，可能是別人的地獄。因此，要讓自己或別人活在地獄之中，或置身於天堂，全由自已決定，也都在一念之間。

人人見淨土

「心」在淨土中，具有特殊的關鍵性，《維摩詰經》以「直心、深心、菩提心是菩薩淨土」，來表示淨土不在環境的莊嚴清淨與否，而在人心的清淨與否，永明延壽禪師則將這種理念發揮得更為透徹。他在《宗鏡錄》裡，便提到「一念相應一念佛」，以及「念念相應，念念成佛」，也就是說，只要在一念之間，我們的心能和佛的慈悲智慧相應，當下這一念就是佛；念念相應的話，念念都是佛。聖嚴師父則就此再衍生出「一人清淨，一人見淨土；人人清淨，人人見淨土」的人間淨土觀念。

心雖是淨土的根本，但要從一人見淨土，開展為人人見淨土，則需要發菩提心和落實菩薩行。心淨要透過實踐的工夫，心是萬行之本，心清淨了，個人所展現的身、口、意行為便清淨，自身的行為得到淨化，亦可發揮淨化他人的力量，影響周圍環境的人，使得人人皆受感化與感動而清淨，當所處之地的眾生皆清淨，該處的國土也就隨之清淨了。換句話說，由淨化自心、淨化有情，最後到達清淨國土，一定要透過修行，而此實踐的起點，則需從人心的轉化開始，只要自己成為更好的人，世界就會成為更好的地方。如此一來，《維摩詰經》就不是純粹的唯心主義了，而能構成人間淨土的真正實現！

《維摩詰經》的現代菩薩行

菩薩道的修行需要福慧雙修，以慈悲心幫助眾生為修福的基礎，也要同時消除自我執著以修慧。如果以強烈的我執服務眾生，因而起煩惱，損人傷己，不但成就不了善行，更非菩薩行。如果能消融自我、放下自我，來從事利益眾生的工作，所做的就是菩薩的事業，這是現代菩薩行應有的態度。

菩薩的事業不論古今，都不可缺少智慧的覺醒與慈悲的方便，兩者一同運作，便能用無我的智慧，展開善巧方便來利益眾生；兩者亦是相因相生，以方便增長不二的智慧，以智慧擴展菩薩事業的善巧方便，可說是一體兩面。具足方便是以利益眾生為出發點，選擇眾生合適的方式，包含工具手段、展現的行為風格與舉措、說話的方式與內容等，這些善巧包含了一切事物。因此，菩薩為了幫助眾生，不捨棄任何一種形式或行為，一切都可以成為利生的佛事。

《本生經》中記載著各式各樣的菩薩行，菩薩可以自在於六道化現不同身形，以度化不同眾生。有的菩薩為此不但出生為卑賤貧苦的人，甚至不惜示現為鳥身、鹿身等動物，維摩詰居士示現的是病苦，至於《維摩詰經》中的聲聞比丘，則是示現愚行。因為這些特殊的方便示現，能讓他們利益到特質各異的眾生。

現代人要以凡夫身行菩薩道，應該如何運用智慧與方便呢？我們回到《維摩詰經》的三大要旨來談：1.探索自心淨土、2.與眾生一體的菩薩道、3.入不二法門，這三大要旨便是菩薩行的修行方向。

探索自心淨土

首先，《維摩詰經》的第一個要旨是「探索自心淨土」。《維摩詰經》的淨土觀告訴我們，應先回到自心根源處探索，現代的菩薩行者必須先安自己的心，才有可能安眾生的心。

傳統佛教用「彼岸」代表西方世界，而「此岸」是我們生活的煩惱世界，《維摩詰經》則認為此岸和彼岸代表兩種不同的心靈狀態，所謂此岸是指我們的心隨著外境起舞而產生各種煩惱，如波浪起伏，是一種紛亂的人生；而彼岸則是心不染境，心中一片寧靜安詳，如長河無聲流淌，是一種圓滿的人生。而從此岸到彼岸的智慧，就是如何將原本紛擾不安的人生，轉化為清淨圓滿的人生。不用等到死後才上天堂或往生西方極樂世界，只要當下覺醒，就可以置身於天堂和西方極樂世界。所以天堂與極樂不是往外追求，而是向內探索。

惠能大師初遇五祖弘忍時，回應五祖的提問「來這邊求什麼？」時，他不是說來學佛，而是振聾發聵地直接表示：「來作佛！」不管是內在的佛，還是外在的佛，都要靠自己的內在修為，所以惠能大師說：「佛向性中作，莫向身外求。」「菩提只向心覓，何勞向外求玄？」向內在追尋與探索，才是讓生命覺醒與清淨的正確方向。

向內的追尋不是把自己封閉起來，而是在平常生活中發現佛法真理，《傳習錄》裡記錄了一個故事：一位衙門的官吏，在聽了王陽明講學後，對陽明先生說：「先生你的學問真好，遺憾的是我要忙著處理訴訟事件，事難務繁，沒有什麼時間追求學問。」王陽明聽後說：「我何嘗教你放下工作去追求學問？你既然有官司方面的工作，便應該從這些工作上去探求學問。譬如在問訟詞時，不可因為他應對無禮，就起了怒心；不可因為他言語圓轉，就生了喜心……。其實在你所處理的訴訟簿書裡，就存有真正的學問。如果離開了具體的事物來追求學問，那所求得的只是虛妄的東西。」

菩薩為利益眾生而建淨土，此舉不是外在的營造，而是內在的追尋；內在的追尋不是不問世事，而是從當下身邊的世事裡，砥礪自己的人格、豐富自己的心靈，進而提昇自己和眾人的生命品質。當自我追尋從外在轉為內在時，我們就不會那麼患得患失，不僅因為內在修為完全掌握在自己手中，也因為那些向外看的，猶如做夢，不可把抓；那些往內看的，才是覺醒的下手處。

與眾生一體的菩薩道

《維摩詰經》的第二個要旨是「與眾生一體的菩薩道」。《維摩詰經》的菩薩道提醒現代菩薩行者，不是自己擁有什麼才分給別人什麼，而是眾生需要什麼，自己能為眾生存在。像我們這樣的凡夫，如何才能成為利生永不疲厭的菩薩呢？必須要有與眾生一體的視界。

多數人在看待別人時，總是看到很多差異處。我之所以為我，他之所以為他，就是因為我和他有所不同，除了長相、工作、家境、閱歷，還包含思想、情感、人生觀、世界觀等；這些特質不僅不同，我們還會賦予它們貴賤、是非、善惡的差別價值，結果就帶來各自的對立與衝突。但其實彼此相同處遠多於不同處，比如我們都是人，有身體、感情、情緒、思想；都曾經在生命的某一刻，覺得難過、生氣或困惑；都希望能脫離苦痛、得到快樂、身體健康、為人所愛，而且有圓滿的人際關係。

當我們站在自他不二「眾生病，是故我病」的高度，重新來看下面的芸芸眾生，差異和對立被淡化了，所有的人不只沒有什麼差別，而且你我還是一體的。佛教的慈悲，不是因為先有慈悲，才這樣看眾生的，而是菩薩認知到我與眾生是一體的真實關係，慈悲只是超越對立之後的副產品，因此產生更積極的意涵。

因為別人和自己是一體的，每一個人的生存與幸福都有賴於他人。如果只有自己快樂，但周圍的人都在悲傷、痛苦，那自己也無法心安理得地感到快樂；所以讓別人快樂，幫助別人，就是在幫助自己；欣賞別人，就是欣賞自己；度化眾生，也就是度化自己。聖嚴師父經常勸勉弟子「利人便是利己」，要「念念以大眾的道業為首；事事以眾生的苦樂為著眼」。在與人互動時，能心懷人我一體觀：「他有什麼需要？我能為他做什麼？」有了這樣的態度，就會主動傾聽眾生的需要，開啟增上意樂的行動力，進而在接觸種種人事物、創造種種因緣、學習種種方便法門中，利人利己。

入不二法門

最後，《維摩詰經》的第三個要旨是「入不二法門」，也就是《維摩詰經》的不二觀點，提醒現代菩薩行者莫落入窠臼與先入為主的偏見，菩薩利生應行於恰到好處的中道。我們從〈方便品〉看到維摩詰破聲聞二法的手段，〈文殊師利問疾品〉中文殊與維摩詰的正反辯證，甚至當文殊問如何觀察眾生時，維摩詰說：「要看空他們。」在問如何上求佛道時，維摩詰卻回答：「行在非道，就是佛道。」

這些問答都讓人聯想到禪宗的公案，當大家心中已有定見，且預期會得到一個合理的答案時，禪師卻忽然堵住了發問者的思路，將之引到一個出乎意料的方向，而那個方向正是提問者的盲點與迷惑所在。

惠能晚年召集他門下的弟子傳授三十六對法，做為他們日後傳法與說法的依據。這三十六對法看似分類繁瑣，但性質都屬於二元對立的關係，不過重要的是如何運用這些對法？惠能告訴弟子：「若有人問汝義，問有，將無對；問無，將有對，問凡，以聖對；問聖，以凡對。」在多如牛毛的禪宗公案裡，我們都可以看出這樣的脈絡，有和尚問：「我為什麼不能悟？」夾山禪師答：「就是為了這個悟，迷卻多少人。」這是「問悟以迷對」。又譬如洞山禪師的公案：洞山禪師曾問一位禪僧：「你從哪一條路進山？」禪僧答：「並沒有什麼路。」洞山繼續問難：「如果沒有路，你怎麼來到這裡？又怎麼與我相見呢？」僧答：「假如有路，就與師父您隔著山頭了。」這便是「問有以無對」。

這給了我們很大的啟示，不管面對什麼現象或問題，都要同時考慮到正反兩面，有無、凡聖、正邪、快樂與痛苦都是相對的，也就是來去相因，因為有痛苦，才知道什麼是快樂；你憶苦，我就思甜；你說淨，我就說垢，這不是故意唱反調或找碴，而是要「離兩邊」，打破世人在看問題時最常見的偏頗與執著。這樣的偏執也包含了只看到某一片段，就誤以為是全部的「斷見」，以及只是一時所見，卻誤以為會永遠不變的「常見」，這些斷見與常見也是我們要出離的。大家都聽過塞翁失馬的故事，所說的便是「不斷不常」。

邊關塞上一位精於騎術的老翁，他所養的一匹馬突然脫逃，好友來安慰他，塞翁卻說：「你怎麼知道它不是好事呢？」不久，那匹馬居然帶了一群駿馬回來，親友又來恭喜他，塞翁卻說：「你怎麼知道這不是一件禍事呢？」果真又過了不久，塞翁的兒子在馴馬時，一不小心摔下馬來，跌斷了大腿骨，變成了跛子。親友又來安慰他，塞翁則說：「你怎麼知道這不是一件好事？」過了一年，北方胡人大舉南下，壯年男丁都被徵召去打仗，塞上男子十之八九都戰死了，但塞翁的兒子卻因為跛腳而幸免於難，父子倆都平安地保住性命。

塞翁失馬焉知非福，但塞翁得馬，又焉知非禍？這不只是「福禍相倚」，勸人不必太計較得失，若用《維摩詰經》不二的觀點來看，則是告訴我們看事的角度不能只看一面，陷入斷見，而應該整體觀照，得失、禍福兩面都要看，但又不執著於某一面；再來，也不能陷入常見，以為現在所發生的得失、禍福，會一直持續下去，不會再有變化。「不斷不常」即是中道，亦是世間萬法的無住本性。

不取不捨也是中道的表現，不貪戀順境，也不逃避逆境。有一個苦婆變笑婆的故事，一位老太婆生了兩個女兒，分別嫁給了賣雨傘的與賣米粉的，老太婆整天愁眉苦臉，天晴時，擔心賣雨傘的女兒沒生意；下雨時，又擔心賣米粉的女兒無法曬米粉，不管天氣好壞老太婆都苦惱。一位禪師聽了，勸慰說：「你何不換個想法？天晴時，想到米粉有太陽可曬，下雨時，想到有雨傘能賣，這樣你就能天天快樂了！」

老太婆從負面思惟轉成正面思惟後，就變得天天歡喜，這是轉念的神奇效果，但不管是正面或負面思惟，其實都還是偏執。若用《維摩詰經》不二的觀點來看，則要菩薩行者不在觀點的取捨之間選擇，而是主張不取不捨，因為不管老太婆如何想，其實都跟她兩個女兒的生意沒關係，她的憂愁固然沒必要，她為一個女兒感到高興，其實也是在傷害另一個女兒，而且如果遇到陰天該怎麼辦？所以最好的方法就是晴天就讓它晴天，雨天就讓它雨天吧！不做正面也不做負面想，沒必要憂愁，也沒必要歡喜，這才是真正的中道，真正的解脫與超越。

《維摩詰經》的不二法門，就如同六祖的三十六對與禪宗的公案一樣，提供我們一個確實可行且有效的方法，不管看到什麼景象，面對什麼問題，當我們有了一個想法或感覺後，不要立刻下定論，最好稍微緩一下，花點時間朝反方向去想，然後不偏執於一方，不斷不常，亦不作取捨，這樣就能有更完整、更圓滿的看法，在看清楚之後，該怎麼做，就怎麼做吧！

菩薩只為眾生存在

有了《維摩詰經》的三要旨——探索自心淨土、與眾生一體的菩薩道與入不二法門，所提供的方便與智慧，能讓現代的菩薩行者面對世界各地發生的各種紛爭，如俄烏戰爭、黨派惡鬥、氣候正義與經濟發展的歧路、價值觀的分裂，突破同溫層，不在切割的價值中選邊站，走出一條不偏不倚的中道。

我們雖然不是大智文殊菩薩，但內在也有理解與智慧的種子；雖然不是大行普賢菩薩，但同樣也有行動的種子；雖然不是大悲觀音菩薩，但也有慈悲的種子。只要灌溉心內的這些種子，文殊與維摩詰等諸大菩薩，就在自己的心內，因此，我們不只能學菩薩，也能做菩薩。

是的，凡夫也可以成為菩薩，菩薩不是生命中沒有困苦的人，只是菩薩更重視如何讓別人少受點苦。在助人的同時，自己的苦也會減少；當自己的苦減少，別人的苦也會減少。菩薩不為自己而存在，因而謝絕有關個人未來前途、理想、希望與計畫的種種鋪路機會，在他們的心中，真正的前途不是權貴名利在手，而是永遠地遇見眾生；真正的理想不是坐收名利，而是不斷地挺身而出；真正的希望不是平安無難，而是有效地解除苦難；真正的計畫不是安養頤年，而是無私地奉獻終生。這些恰恰是菩薩只為眾生存在的意義，也是現代菩薩行的指導方針。

卷下

解經篇

淨土何處尋？
——第一品〈佛國品〉

整部《維摩詰經》共有十四品，可說是由維摩詰居士和佛陀共同策畫及演出的一齣戲劇，精彩絕倫的劇情，劇中人相互搭配，通過重重轉化與提昇，所凝鍊的人生智慧與美學，帶給千年來的觀劇者心靈深處的巨大悸動，這種悸動，也帶動著整個佛教以大船引渡眾生的「大乘」襟懷。

維摩詰雖是全經主角，卻未在第一品〈佛國品〉登場，然而所有先後出場的配角，都是為了讓維摩詰能夠暢所欲言地宣說大乘佛教的妙義，為此，維摩詰甚至不惜「裝病示疾」，以「演戲」說法。

〈佛國品〉展現《維摩詰經》的全經思想核心，什麼是佛國淨土？如何建造佛國淨土？如果能依建設淨土的方法而行，我們就不再是苦惱纏身的眾生，而能變成像維摩詰那樣，隨緣自在地扮演各種角色度化眾生，腳下所踏的土地，也將不再是煩惱的娑婆穢土，而是清涼的人間淨土。

成就佛國淨土的方法

全經故事從〈佛國品〉揭開序幕，大約在兩千六百年前，某日，佛陀在印度的毘耶離菴羅樹園，與諸大比丘及文殊師利等三萬二千名菩薩聚會，梵天王、帝釋天、天龍八部等護法神祇也都來共襄盛舉。大家全都恭敬圍繞著佛陀，準備諦聽說法。當時，有一位名為寶積的善知識，也帶了五百位長者子前來參與這場盛大法會，他們各自攜帶了七寶裝飾的傘蓋要供養佛陀，佛陀運用大威神力將寶蓋合而為一，三千大千世界都被覆蓋其下，展現出了莊嚴無比的佛國淨土。

寶積以偈頌讚歎佛陀不可思議的大威神力，並向佛陀請法說：「五百位長者子都已發阿耨多羅三藐三菩提心，希望能成就佛道，期望佛陀能為我們解說如何得到清淨無染的佛國淨土？菩薩如何實踐淨土行？」佛陀的回答頗出人意表：「眾生之類是菩薩佛土。」意思是說，眾生就是菩薩的淨土。既然凡夫所在之處，就是菩薩的淨土，那麼，充滿苦惱的眾生，便是菩薩關懷的對象，這真是一種偉大的濟世思想。

一般認為，淨土或理想的國土，只能存在於西方極樂世界一類的佛國世界，然而，《維摩詰經》反而認為淨土是存在於煩惱眾生的生活當中。正因為有五濁煩惱的眾生，菩薩才會想要建造一個理想的國土，讓眾生可以不再受苦。菩薩的淨土，是因應眾生的需求、化導利益眾生而存在的，換句話說，沒有煩惱的眾生，菩薩就沒有耕耘淨土的機會。

如何為眾生建造一個理想的國土呢？這正是〈佛國品〉的主題所在。直覺上，國土所指是居住的外在環境，但是《維摩詰經》卻認為只要人的心中澄淨，並讓居住於該國土的眾生心中澄淨，就能建造那樣的清淨環境。

由此可知，要得到淨土這個果地，必須從心地下手，因為唯有「淨因」，方能感得「淨果」。我們如何能在自心之中見到佛土呢？心要具有三種條件：直心、深心、菩提心。直心是不諂媚的心，深心是具足功德的心，菩提心是成就眾生的心，菩薩成佛時，依此三心讓眾生得生菩薩淨土。

當具足三心後，還要付諸實踐——行六度、四無量心、四攝法、十善等弘法利生的事業。六度、四攝等實際行動之所以成為建立淨土的原因，和三心一樣，只有淨因，方可感得淨果。若以「從因說果」的角度來看，行持便是淨土，在實踐善行之時，可說淨土已從此處展開了。

菩薩有無盡、無量的一切善行，然而對想學菩薩的眾生來說，卻經常茫然不知從何著手，於是佛陀總結菩薩的淨土之行，對寶積說：「若菩薩欲得淨土，當淨其心；隨其心淨，則佛土淨。」雖然淨土建立的修行有六度、四攝等萬行，但是不管如何做，其根本都必須回到心上，心是一切的原點，依原點來統攝萬行，就不會迷失在作為之中了。

為何看不見佛國淨土？

舍利弗聽聞佛陀對寶積的開示後，環視了娑婆人間，大感困惑，心想：「佛陀過去在菩薩位修行時，是否因為心不清淨，導致他所成就的娑婆世界，才會如此地不清淨？」

當佛陀知道舍利弗生起這個念頭時，立刻引譬喻為他釋疑：「太陽和月亮一直照耀世間，但是瞎子卻看不見，難道可由此斷定是日月的問題嗎？」舍利弗回應道：「不是的，世尊，問題應出在瞎子身上，而非日月。」佛陀進一步說：「眾生因為有染汙罪垢，所以看不見如來國土的嚴淨殊勝，這並非如來國土不清淨，只是眾生被遮蔽，沒有看到而已。」

此時，認同佛陀說法的螺髻梵王告訴舍利弗：「請不要以為佛陀化導的娑婆世界是不清淨的，依我所見，佛陀的這片國土，就像我住的自在天宮一樣清淨。」舍利弗回應道：「那是因為我看到這個世界有高有低，遍布荊棘沙礫，充滿惡穢土石，並非平整如鏡，才會如此設想。」解釋完何故有此起心動念後，螺髻梵王便隨即點出關鍵：「那是因為你的心有高下，不是依佛陀的智慧來看，才會看到不淨的國土。如果你見一切眾生，亦如佛陀所見，也是平等、清淨的，就能夠看到佛陀的淨土了。」

於是，佛陀問舍利弗是否想見淨土？在得到想見的回答後，隨即用腳趾按地，一時之間，百千珍寶裝飾了三千大千世界，原本舍利弗不得見的淨土，瞬間呈現眼前，與會大眾歎未曾有。佛陀說：「我的國土本來清淨如此，示現成穢土的模樣，只是為了要度脫煩惱的眾生啊！」

就像許多人不懂得欣賞藝術作品，尤其是一些意境高遠、抽象難解的創作，但若有一位美學大師能從中開解，如何賞析、美在何處，隨著聽者用心的體會，便能看見原本看不到的美。

佛陀猶如美學大師，開啟了眾人的另一雙眼睛，一起見證佛國淨土。原來，這個看起來眾苦交迫、煩惱不已的人間穢土，對佛陀來說，一直都是淨土，可見淨穢的差別在於心念，唯心所造。

淨穢皆由心

淨土隨心而生，而非外在的環境。淨與不淨，端視我們如何看待。

韓國華嚴宗的開山祖師元曉法師，曾和義湘法師結伴入唐求法，在兵荒馬亂的時代，趁夜趕路，正當口渴難耐之時，恰巧看到在夜色中泛著銀光的一池清水，捧水暢飲，感到十分甘美沁涼。隔日，再繞回來取水時，卻發現水中躺著一具死屍，兩人立刻嘔吐起來。此時，元曉大師猛然覺悟，同樣的一池水，只因心境、認知不同，對水的感受竟可截然兩極。因此，他對佛陀所說的萬法唯心造，再無疑惑，世間垢淨對他已無影響，從此能做自己的主人。

我雖未開悟，但也有類似的經驗。一次寺院齋堂提供了「豆花」甜點，在食用時，發現豆花有臭酸味，以為是變質所以發酸，趕快請行堂法師停止供應腐壞的豆花。誰料行堂法師把提鍋方向一轉，上面寫著「優格豆花」四個字。雖然看起來像豆花，實是優格，而優格當然是酸的。認知一改變，重新再吃豆花，只覺得酸得特別新鮮好吃。這是不是境由心造？優格豆花在我吃之前，和我知道它是優格之後，本質無異，可是隨著心境不同，投射的外境也不相同，當然也可說是外境因而改變了。因此，清淨的國土，悉由清淨的心所造就。

眾生是菩薩的淨土

〈佛國品〉娓娓演繹著建設淨土與顯現淨土的主旋律。總結來說，現實的世界隨心的看法而成淨土或穢土，不必求淨土於遠方，而是隨著心態，用清淨的心來看一切，這個娑婆世界照樣能成為人間淨土，不是去改變客觀外境，而是改變人心，可見人心的功能真是殊勝靈妙。但個人的心淨，就等於是國土清淨了嗎？這樣是否會落入「唯心論」或「個人經驗至上」呢？更何況我們凡夫無法像佛陀那樣，一足觸地便顯現淨土，讓大眾皆能看見，如何能讓個人的心淨擴展到人人都心淨，人人都見到淨土，成就最圓滿的淨土呢？

其實，佛陀在經中總結「心淨則國土淨」之前，已開示了能讓人人見淨土的「淨土行」步驟：「隨其直心則能發行，隨其發行則得深心，隨其深心則意調伏，隨意調伏則如說行，隨如說行則能迴向……隨成就眾生則佛土淨……。」簡化來看依次為：心淨則行為淨，行為淨則眾生淨，眾生淨則國土淨的順序。其間的過程，需先經由個人修行，獲取心行清淨的初機智慧，再透過利益他人來培養無盡的福田，最後水到渠成，即可擁有悲智雙運的圓熟智慧，創造人人皆可見的淨土。

由此可知，依據「淨土行」的因果關係，先修直心，其後付諸行動，心、行互支，依著深刻的實踐體驗而產生深心，具足種種功德，之後修行愈來愈得力，障礙漸消，自然容易調伏內心的煩惱，也比較容易轉念作主，心不隨境轉，甚至能夠轉境自主，此時就可以達到自受用的初機智慧。

然而，接下來的步驟，才是淨土行成敗的重要關鍵，如何從自己的行為清淨，拓展到也讓眾生清淨，由自己轉向他人的樞紐便是「迴向心」，為何願意將自己從佛法得到的利益，轉而迴向給眾生呢？這得從正確的因果觀著眼來看。

一般而言，從「果」上來思考世間相，容易顯得消極與傲慢。例如，遇到不如意，就說是前世虧欠的債，今生才會有此報應與折磨。我母親也是佛教徒，但她常念叨著，前世不知欠了先生多少債，最後總會再加上一句：「現在也該還清債務了吧？」遇到逆境，推給過去，這樣多少顯得消極，久了也會不甘心，希望趕快擺脫困難。反之，如果遇到順境，又會認為是前世的福慧累積，這輩子才得以這麼順利，容易有一種自己應得的理所當然。

若從「因」上來看所遇的順境，則會認為這都是別人種下來成就我的因，也是自己的因。聖嚴師父三十歲時想去閉關，卻苦於無人護持，在那個時代，可從關房的門鎖數量，得知護法人數的多寡，師父說他連一個鎖都沒有。後來，終於有人願意供養，是師公智光老和尚的一個信徒。遇到難得的順利因緣，師父歡喜地前去拜謝老和尚，自嘲著總算還有一點點福報，有人願意護持。結果被老和尚駁斥道：「你這是倒因為果，護持閉關是人家種了福田，是因，對你來講，亦是因，將來要回報的啊！」

由此可知，若凡事從果上著眼，就容易有得失取捨心，便會在期待與落空之間被折磨著，不是正確的因果觀。相反地，從因上來看一切因緣，就會自然生起迴向心，且更容易創造「只問耕耘，不問收穫」的積極人生，這才是正確的因果觀。常常聽出家人講要報三寶的恩、眾生的恩，這不只是信仰，而是真實體會到自己從佛法所得到的利益，生活受用的每一個環節，都是依靠他人付出而來的。既然蒙受恩惠，就必須知恩、報恩，有所回饋，這就是迴向的心。只要生起迴向的心，願意回饋他人，就會開展種種的方便，關懷別人，了解其需求，竭力成就社會大眾，化染成淨。

〈佛國品〉的最後，聽了佛陀教導的寶積等長者子和與會大眾，個個心服口服。舍利弗已經明瞭為何「欲得淨土，當淨其心」是建立淨土的基本方法，也明白佛陀所解答的不離眾生的「淨土行」，才是淨土顯現的關鍵，難怪佛陀要說眾生是菩薩的淨土。菩薩雖超塵脫俗，卻不棄塵斷俗，深知俗世黑暗之深，便不倦地隨處點燈，唯有付出行動，成就眾生，讓生活在人間的眾生心淨，人間才會變得清淨光明，眾生可真是我們耕耘的無盡福田啊！

病中說法

——第二品〈方便品〉

菩薩度化眾生有各種方便法門，如觀音菩薩可現三十三相，應以何身得度者，即現何身而為說法。維摩詰居士在〈方便品〉裡，不但現病身說法，並為度化世間各行各業的凡夫，而出入各種娛樂生活，但這些都是他的菩薩行，能化三界火宅為清涼地。

廣開方便門

〈方便品〉裡詳細介紹了維摩詰居士：「雖為白衣，奉持沙門清淨律行；雖處居家，不著三界；示有妻子，常修梵行……。」他雖身為居士，和大眾一樣過著凡夫生活，卻持守出家人的清淨戒律。

維摩詰除了有自行德，還有益他德，是一位善於施展智慧的善知識，處處以方便為工具來接引眾生親近佛法。

在日常生活裡，為了以方便法門度化眾生，而與各種階層人士打成一片。「遊諸四衢，饒益眾生；入治政法，救護一切；入講論處，導以大乘；入諸學堂，誘開童蒙；入諸婬舍，示欲之過；入諸酒肆，能立其志。」維摩詰可以說是真正做到了「以眾生為菩薩的淨土」。

利他的「方便」應如何使用呢？方便法門並非隨興所至沒有原則，佛法說「慈悲為本，方便為門」，利他一定是先立基於慈悲，再開門方便大家進出。古德又說：「方便是善巧之名，勝智為決斷之稱。」意思是說，在施展善巧方便的時候，是需要以智慧為前導與目的。

例如，若希望對社會有所貢獻，首先得了解這個社會的人有何需求，如果不知道對方需要什麼，只是一味施展手段，不僅無法給予幫助，反而會造成傷害。所以要恰到好處地運用「方便」法門，除了立基於慈悲，其關鍵則在於具有分別眾生根器的決斷智慧，依此來啟迪與幫助眾生袪除雜染，從而彰顯與佛無二的智慧與慈悲。

據此，隨緣教化，就會有許多不同的善巧手段，即所謂「方便有多門」。眾生各有因緣，境況各不相同，名貴的藥不一定能治好病，關鍵要對症下藥。大樹，合適做棟樑，支撐大廈；小樹，適合做盆景，裝飾門面，發揮效果，就是大用。因此，對待各式人等，就不會以相貌、財富、地位、性別來取人，而是一切三教九流都接納，都是要度的眾生，都是菩薩前進的不絕動力，因此維摩詰可說是一位「行動派」的佛教徒，哪裡有需要，他就到那裡。

〈方便品〉說：「若在長者，長者中尊，為說勝法。若在居士，居士中尊，斷其貪著。若在剎利，剎利中尊，教以忍辱。若在婆羅門，婆羅門中尊，除其我慢……若在王子，王子中尊，示以忠孝……若在庶民，庶民中尊，令興福力……若在帝釋，帝釋中尊，示現無常……長者維摩詰，以如是等無量方便饒益眾生。」由此可知，維摩詰說法度眾的自在無礙。

眾中尊度化眾生

維摩詰是長者中的富豪望族，為長者眾所尊，可為他們說出殊勝的佛法，同時他在白衣居士中，也一樣是居士中的尊者，說法使其斷捨貪執，得到身心的清淨快樂。剎帝利恃著自己擁有貴族、國王等尊貴地位，所以很容易恣意妄動，維摩詰現剎帝利中尊，調伏其剛強、教導其忍辱。婆羅門是四姓之首，他們很容易仗著傳承的祭祀道術而起我慢，維摩詰也以眾中尊的資格，運用種種方便，拔出他們我慢的根苗。王子一向養尊處優，容易恃寵而驕，所謂天之驕子，維摩詰現身其中，教他們忠於國家，孝於父母的道理。庶民是平民，維摩詰現庶民身，教他們廣修供養，種來世福報。帝釋是欲界天主，因耽著天中的五欲，沉迷不覺，樂不思蜀，維摩詰乃示現五衰相現，使其有所警覺。

以此類推，也因為能處在多元群體的大社會裡，適應各類眾生的根機而安立佛法，需要什麼，就示現什麼，以能解之語說法，故為一般社會人士所敬仰尊崇，而成為眾中之尊的人物；又因是眾中之尊，深受信任，總是能恰到好處地達到效果，兩者可謂互為因果。

人格高尚的人要離眾而尊是比較容易的，只要德性拔俗，自己孤芳自賞，離群索居，就可以離眾而尊貴了，但這種尊貴畢竟是有距離帶來的美感，較沒有現實環境的考驗與誘惑，離眾而能忘掉人間的苦惱、紅塵的纏縛，有時候可能還會生起比別人更了不起的優越感，相對來說較為逃避與自利，少了積極的人生意義與價值可言，能有積極的人生價值，唯有眾中尊了。

在眾中面對現實，我們較能看到自己的問題，每個人都有很多傾向，例如，我們喜歡某一類人，討厭某一個人，這就與平等慈悲不符合了；我們一個人獨處沒有問題，與別人合作或組成一個團隊就有問題了，有的人特別忍受不了別人比自己強，有的人特別聽不進不同的意見，有的人自尊心過於敏感，有的人根本聽不進諫言或太過封閉……，種種這些性格上的偏執，都如放大鏡一般，會在眾中一覽無遺。況且，眾中人際複雜，每個人的秉性需求不同，彼此的親疏、立場各異，猶如渾濁瑣碎的醬缸、泥潭，一不小心便會惹得一身腥臭。在這些情況下，怎樣心無罣礙，沒有煩惱？怎樣以智慧生活？進一步如何以慈悲心利濟眾中之人，成為人人敬仰的眾中尊？可說是難上加難。

因此，我們就更加能了解維摩詰的那種光明無畏、暢達無礙的大智慧；那種善巧方便、平等普施的大慈悲，正是我們要學習的。然而，這樣一位大菩薩長者，不只主動積極地進入眾中，千處祈求千處應，更能夠主動積極地吸引人們來朝見，而維摩詰會用什麼姿態來吸引人們學佛呢？

示疾說法折凡染

維摩詰竟出乎意料地以病人的姿態，做為教化眾生的積極手段。

話說維摩詰生病的消息傳遍毘耶離城，人人都知道長者生病了，所以上自國王、大臣、居士、婆羅門，下至平民百姓等人紛紛前往探病。由此可見，維摩詰的聲望有多高了。維摩詰便針對前來探病關懷的凡夫在家特質，以及生病這件事來廣泛說法。

這些凡夫大抵都有一個共通的特性，就是以趨樂避苦為人生的終極目的。因此，活著就會有所追求、有所排斥，所以在生死之間輪迴不已。究其根本，眾生的染著都是因為有身體，以及由此衍生的錯誤認知——身見。

有了以身見為我的錯誤認知，人們為了妥善照顧這個肉身，便不斷地追求五欲的滿足，並從自我慢慢擴散出對於名聞利養、身分地位、相貌、壽命等的渴望，而這樣的愛染便是造成生死輪迴的根本原因。

為了破除凡夫最根深柢固的執著，維摩詰首先從人體的不可靠開始談起，藉示疾說明人身有多麼無常、不強又無力，而且太快腐朽，這不但是人生苦惱的根源，也是病源聚集的巢穴，結論就是因有身而有苦與種種的過患，示現生病而訶責身體，可謂是「因疾訶身」。

在〈方便品〉中，維摩詰借用泡沫、芭蕉、夢幻、浮雲、閃電等，不真實、不堅固，且瞬間存有的現象來比喻人身。比如溪水洩盪，激起的輕飄泡沫一般，剎那間便化為烏有，化為烏有之後，剎那間又有繼起的泡沫忽現；又比如陽焰，如同海市蜃樓是浮游水氣與渴愛所滋生的幻影，讓遠方乾渴的旅人嚮往而拚命追逐；再譬如芭蕉葉雖大，但剝到底卻無堅芯，就像脆弱的身體，本來好端端地卻突然生病，甚至猝死。

「是身如幻，從顛倒起；是身如夢，為虛妄見。」顛倒是把根本不實在的東西，當成真實存在的錯覺，就像此身是虛幻的夢，但我們總誤以為此身是堅實存在一般。「是身如浮雲，須臾變滅。」天空的雲，有時如煙霧朦朧，一下子遮住山巖，一下子又出現山容，傍晚時又把天空當染布，渲染得無比美麗，雖然很美，卻須臾變滅，永遠無法為我們定格。就像我們的五感體驗，都想看到好看的、聽到好聽的、聞到香味、吃到美食、接觸柔軟的，可是這種種的好往往都不能持久。就像衝浪高手很擅長分辨好浪與壞浪，當乘著好浪享受刺激快感的那一剎那，好像是海浪的主宰。但他們總是在等待好浪的出現，而當好浪沒了，又得開始另一次的等待與追尋。人總是期待好事降臨，拒絕壞事出現，所以總是不得清閒，心迷失在好壞對立中不得自由，只因擺脫不了色身五欲的制約。

〈方便品〉指出身體是虛幻不實的，即使透過沐浴、穿衣、飲食來保養，仍終會消失。人的很多災難煩惱，也都是由身體造成的。因此，〈方便品〉說：「是身為虛偽，雖假以澡浴衣食，必歸磨滅；是身為災，百一病惱。」我們如果久不洗澡，身體就會發臭，人體像個「臭皮囊」，身體裡充滿著各種惡臭汙穢的痰、糞、尿。身體還會生病、疲勞，為了養護這個色身，還要休息與營生，賺取資糧來滿足身體。一旦身體狀況無法維持，就開始產生苦惱。〈方便品〉又說：「是身如丘井，為老所逼；是身無定，為要當死。」身體如同廢墟枯井，會為年老所威脅逼迫。面對不確定的命運，無論此生怎麼追求與維持，終究無法避免一死。經文所說的「為老所逼」與「為要當死」，可真是道盡了生命的現實啊！

厭色身，樂法身

維摩詰說完人體不可依靠、不淨、無常、無強，又會老死之後，提出了解決的方法：「此可患厭，當樂佛身。」這句話的意思，可不是要我們厭倦色身、看穿肉身的虛假後，就急著趕快出離三界，進入涅槃的小乘教義。而是轉而勸勉大家欣樂真正的安樂法門，尋求最清淨可靠的「佛身」。

我們只是借用虛幻不實的身體來修行，是「借假修真」，修行不是為了修得身體的不壞、不老、不死，而是透過人身開發我們的慈悲與智慧。佛身就是法身，如何成就法身呢？〈方便品〉告訴我們，法身是從無量功德、戒定慧生，從六度、四無量心、三十七道品中生。想要修得佛身，就要拔除一切眾生的病根，也就是想要根治眾生對身體執著的這個病，就要發起救度一切人的願心，無上正等正覺的大菩提心，並將所修的一切歸導到大乘佛法。

有僧問大龍禪師：「肉身終有一天會敗壞，什麼才是不壞的法身？」大龍禪師答：「山花開似錦，澗水湛如藍。」言外之意是，盛開的山中花，美得像織錦般華麗，然而，盛放的當下，凋謝隨之而來。山溪湛藍看似靜止，事實上，一直在遷變流動著。山花和澗水雖是不同的兩物，但就榮枯與遷流來說，它們之間的共通點是無常，無常才是宇宙永恆不變的真理，無常便是大龍禪師所開示的「堅固的法身」。「無常的色身」與「堅固的法身」並非兩種無關的東西，所以才能「借假而修真」。

〈方便品〉點出了人生無常，身體是多麼地苦迫、空虛與不可靠，而人們卻執著難捨。探知了色身的無常，更要生起出離與求佛的心願，尋求永遠的法身，法身就在借假修真、發菩提心與大乘菩薩道的行持中。

然而，《維摩詰經》的目標不是只停留於此，不只是為凡夫打開學佛的大門，還要引導人們深入細求大乘佛教的真髓。因此，第三品〈弟子品〉和第四品〈菩薩品〉，將透過聲聞弟子們和菩薩們的婉拒探病，讓維摩詰說出修行的誤區與大乘佛教的遠大理想，達到「烘雲托月」的效果，讓大乘教理更加有層次感，並引領大眾同發菩提心，行菩薩道。

比丘的考驗

——第三品〈弟子品〉

維摩詰居士生病的消息傳開後，城裡的人多已前來探病，佛陀卻悄無聲息，維摩詰不禁尋思：「世尊大慈大悲，對於我的臥病在床，為何沒有任何關懷之意？」佛陀遙知此事，便令座下十大弟子前往關心。沒想到這些聲聞弟子各自敘述往昔曾被斥責彈訶的經過，領教過維摩詰的雄大辯才，覺得難以慰問關懷，於是多達五百位的大阿羅漢聲聞弟子，竟無一人敢承擔問疾的任務。

佛陀的十大弟子，包括智慧第一的舍利弗、神通第一目犍連、頭陀第一的大迦葉、解空第一的須菩提、說法第一的富樓那、論義第一的迦旃延、天眼第一的阿那律、持律第一的優婆離、密行第一的羅睺羅、多聞第一的阿難。這些弟子都是佛陀門下最傑出的弟子，為什麼會被維摩詰問到啞口無言呢？

破舍利弗的禪坐觀

佛陀先請智慧第一的舍利弗代他去探病，舍利弗立刻推辭了。因為舍利弗曾在僻靜的樹下攝心打坐，維摩詰卻突然出現糾正他，禪坐不必拘泥某種姿勢，或非得要找個安靜不受干擾的地方，禪坐的要領也不是斷念滅思、止息心念，什麼都不想的無煩惱狀態，接著才告訴他什麼才是真正的禪坐。

舍利弗的禪坐證量乃凡夫難以企及，為何他宴坐會被訶責呢？原來是對禪坐觀念的偏頗所致。禪坐可分為兩種修行方式，一種是聲聞乘的禪修，另一種是菩薩乘的禪修。舍利弗代表聲聞乘的禪修方式，透過收攝於一境，並關閉其他感官，全然地阻絕外境，達成不受境轉的甚深禪定，所以無法運用在日常生活。

菩薩乘的禪坐，則如維摩詰所展現的大乘禪法精神，打破聲聞乘將禪修與生活劃分為二的思維，他說：「夫宴坐者，不於三界現身、意，是為宴坐；不起滅定而現諸威儀，是為宴坐。」身心不受三界束縛，不停駐在任何一處；能處在心無波瀾的清淨無為中，卻又不會離開行、住、坐、臥等日常生活威儀。

正確的禪修態度，應該打破「專注」和「散亂」之間的藩籬，心在任何處所都能實踐禪修，不論是與人的應對進退，或是做種種的營生事業，都能保持安定不亂與接納開放，不會認為鬧中不能禪修，必須在安靜無人處才能用功，而離群索居，不願與社會發生關係。唯有打破場域與動靜的限制，才能通達大乘禪法，也才能不捨聖人之道，又處身於一般俗世生活，做凡夫該做之事，破除神聖與世俗的分別；心念不攀緣外境，也不自我封閉，破除了內外的差異；不斷煩惱而入涅槃，推翻了垢淨的界限。大乘禪法強調破除分別與執著，讓禪坐不只是靜坐，而能融入生活，在行、住、坐、臥中，皆顯現禪坐的威儀，這是維摩詰所要傳達的訊息。

聽了維摩詰的一番言論後，舍利弗無言以對，不知所措，也就沒有勇氣前去拜訪維摩詰了。

破目犍連的說法觀

佛陀遭舍利弗拒絕後，轉而請神通第一的目犍連前往探視維摩詰。不料目犍連也說沒辦法，他曾在街道為居士說法時，被維摩詰喝止說：「你不能這樣教授佛法！」維摩詰認為他對在家者說法的方式不對，並指出真正的說法，應當要根據法的實相來說。

一般而言，高明的法師說法時，會應眾生的根性隨緣教化。例如經教說「佛性人人本有」，又講「佛性就是第一義諦空」，到底是「有」還是「空」呢？端看聞法者所需。當強調佛性是「空」時，是因對方執「有」，反之亦然；而若發現空、有無法融通時，就會講「相即不二」，亦即不落入任一邊的中道觀。因此，當維摩詰遇見聲聞僧，因為知道他們偏「空」，便會特別強調「有」；相對地，白衣居士大多執取「有」，所以應該強調般若的「空」，以便掃除一切執著，所以採取否定的方式，而說「性空」之法。

維摩詰要目犍連應機為居士說法，明白「法」就是真理實相，若不懂大乘的真實如何說「法」呢？所以維摩詰為目犍連說明什麼是真實的法：「法無眾生」是因為法遠離眾生五欲塵垢；「法無我」是因為法沒有我執的汙穢；「法無壽命」，因為法遠離生死而不生不滅……。凡此種種否定一切的說法方式，無非是要強調一切法性空的本質。維摩詰在一連串的反轉論述後，問目犍連說：「法相如是，豈可說乎？」意即法相雖有種種差別對待，但都透過性空的本質而說無、說非、說離、說不，重重否定，沒有終止，如此一來，還有什麼可以講的呢？

佛陀曾說，如果有人說我四十九年來有所說法，即是謗佛。從法的實相而言，佛既無說法，那眾生可曾聽聞佛法？從相互依存的角度來說，一切事物都互相依靠其他的東西而存在，就像左與右的位置，某人的左方，是以右方的參照點而說，但卻可能是另一人的右方，有參照點而說左右，左右便不能獨立存在。如果右方能獨立存在，那應該有一個不以左方為參照點的右方，實際上卻沒有這個東西——這就是空性。

空性是否定自性的實有與獨存。說法用的語言文字亦是，有所言說就有立場，依此，便會延伸出各自的解讀。由此可知，真正的佛法是無相的，不僅說法者無說無示，聽法者也無聞無得，如魔法師幻變出兩個人，一個是說法者，另一個是聽聞者，然而「說法」和「聽聞」從來就沒有發生過，幻相並非真實，那麼令我們從幻相中解脫出來的方法，也就不是真的，就如昨晚夢見的老虎既是幻相，那麼夢中驅虎的打虎棒又怎麼會是真的呢？教授佛法者應該秉持「法不可說」的心態，才有資格說法。

最後，維摩詰提醒說法的唯一理由，是出自大悲心的熱情，為了那些誤以為幻相為實的眾生，也為了那些煩惱深重的眾生而說，惟其前提是，說法者必須明瞭眾生的根器利頓，以便利用教法，提供各式各樣的棍棒，讓夢見老虎的人拿來驅虎，更重要的是令沉醉夢中的人趕快醒悟。因此，我們要修學佛法、護持佛法、弘揚佛法，讓三寶的光芒，持續不斷地傳承，藉此來報答佛陀說法的恩典。

目犍連自從那次遇見了維摩詰後，便失去了自信，因而不能勝任探病的任務。

破大迦葉的乞食觀

佛陀接連遭受拒絕後，轉而請大迦葉前去探病，結果也立即被謝絕。大迦葉過去在陋巷乞食時，被維摩詰訶責，從此不再勸人行聲聞、緣覺二乘，所以自認不堪承此重任。

大迦葉是禪宗的始祖，也是集結佛陀言教的最大功臣，在佛弟子中頭陀第一。他所修的頭陀行，如穿糞掃衣，常乞食，及樹下宿等，都能如法而行，且功德圓滿。但是，大迦葉行乞時，專找貧窮人士，因為他深知窮人前世貪得無厭，又沒有培福、種福，所以今世窮困，為了令窮人拋棄慳貪，故以自身為福田，向貧者行乞。

對於這一點，維摩詰很有意見，而在大迦葉行乞的路上加以攔截，並告誡他說：「你雖有慈悲心，卻不能普及於所有人，總是捨棄富人、偏好窮人，應該回歸平等不二的真理而為，不做揀擇，逐戶乞食才是正道。」

何謂平等不二的真理？若從現實事物的角度而言，富窮、凡聖、好壞等世間相都是彼此相依相待，且暫時存在，會依因待緣而隨時變化，而沒有單獨、不變、實有主宰的自性，從勝義的角度稱之為性空。此即大乘與小乘的關鍵差別，通常會用否定的文字來表達這種無差別性，於是無凡無聖、無染無淨、無富無貧、無智無得，這不是外道的斷滅見，而是般若法門的無差別說，在這個無差別的基石上，更進一步，便要超越有為與無為、有相與無相、空與不空、食與不食。

用肯定的文字來說，則是相即平等，煩惱即是涅槃，不能離卻現實身心——煩惱與業苦，而求證涅槃，無為不是離開有為而得，無相亦不能離開有相而證入。這些相反相成的不二之法，使得急著入涅槃、斷煩惱的聲聞比丘覺得與佛法不合，因此不能融通無礙。

維摩詰提醒大迦葉，乞食的目的，是為了不食，接受施者供養的食物，是為了壞滅這個和合色身的執著，以契入不生不滅的法身。聚落行乞的心態，應是以空相來看待每一村舍，抱持平等心走入其中，不管看到什麼現象，都不要捨棄醜陋，而貪求美麗，相反地，也不要摒除富貴，只福施貧苦。

乞食時，不被見聞的聲聲色色所障蔽，對於色、聲、香、味、觸、法所生的六種感受，明瞭都受限於不同的時空環境、各種的詮釋角度，還隨各自的衰壞命運所左右，不要只聚焦在局部面向，就當成了整體，應該轉而異中存同，從差別相中見到平等性，而這個最究竟的共同性，便是空性。於是一多、貧富、正邪、凡聖等看似相反又相待的彼此，就能不相妨礙而無執無染了。

破須菩提的平等觀

佛陀再度被拒絕後，轉向須菩提，但也被一口回絕了。須菩提以《金剛經》的當機眾聞名，是解空第一的佛弟子。只不過他對乞食的想法與大迦葉相反，認為富人在此生安逸於富貴享樂，往往不知修行與布施，當福佑享盡便又會落得窮困的下場，為了給富人耕耘福田的機會，便多是乞富不乞貧。只是，這樣偏於豪貴的悲心不平等，同樣也讓維摩詰頗不以為然。

所以當須菩提走到富人維摩詰家乞食時，維摩詰取著盛滿食物的飯缽，語帶玄機地說：「要能體認到食物與一切諸法的平等性，不加區別好壞，又能以同樣的平等心看待一切諸法，抱持這種心態行乞，才有資格取用我所供養的食物。」

維摩詰期望藉此機會，點化須菩提了知食物或萬法的平等實相。從表相的現實世界來看，男的不是女的，白天與黑夜不能共存，正義與邪惡在各自的立場上不能兩立，甚至風與馬、牛各不相及，各有範疇與界限，所以說食物與一切現象、事物自是不同，並不平等。但是若從究竟的法性而言，諸法性空，都會隨因緣而變化，並無絕對實有的自性這點來看，諸法有共同的空性特質，等於是消融了所有的差別與界限，而說食物與萬法是平等的，而空性上的平等，不用消滅現象，便能體現空性，意思是說不是在事相的亡滅後，才能找到真理。真理不在現象之外，而是各自千差萬別的現象本身，空性就在那邊了，根本沒有離開過，所以也不用取得。

因此，維摩詰提出了取食的幾個條件：「不斷婬怒癡，亦不與俱。」菩薩了達貪、瞋、癡三毒性空，不需要像聲聞一樣刻意斷除，也不會像凡夫一樣隨之造業。「不壞於身，而隨一相。」因為證得四果的阿羅漢已出離生死輪迴，沒了色身的困擾，卻也全盤否定了色身假相的價值，所以要壞滅世間假相而入於出世間的空相。相對地，凡夫貪執保護身體，皆不願隨空而壞。所以，維摩詰要須菩提效法菩薩精神，借假修真，要在貪、瞋、癡當中行化，所以不能斷壞，但也不能跟隨。

維摩詰來來回回地用這種正反不二的雙向思考，既「非二乘行」，不強求斷離煩惱的清淨，所以樂與凡夫為伍，歷劫在生死中度化眾生；亦「非凡夫行」，因為不被其迷惑或同化。不著相，又能利用相，通達了法性，才可以接受供養。

為了強調平等法，維摩詰甚至下了重藥，要須菩提入於邪見外道，跟著一起墮落，不要跳出苦海，才可以接受供養；安住於世間的八種苦難，卻不被痛苦束縛，才可以接受供養。最後，還警告須菩提說，凡施食給你的人，不僅沒有福田可言，還會墮入三惡道，才可以接受供養。

二乘對於一切法性不能夠通透，一味只想脫離五蘊和合的這個色身，讓自己能夠出三界煩惱。如同「撥波尋水」一樣，為了取得海水，努力地要撥開周邊的水波，其實，水波就是海水啊！又如同「滅器求寶」，想得到寶器內的黃金，便致力於破壞容器，來取出黃金，其實，寶器本身就是黃金做的啊！撥水或滅器的作法，都是不善達法性的緣故，只會枉費力氣而已。

聽完維摩詰種種取食的條件與責難後，須菩提感到非常茫然，不知如何回應，只能放棄缽飯，奪門而出。這時，維摩詰反過來安慰他，要他不要驚慌，飯還是要吃的。維摩詰問：「如果我這樣責難一個幻化出來的人，這個化人會感到恐懼嗎？」須菩提回答：「不會。」維摩詰接著又說：「一切諸法，都是幻化而成，你不應對此感到害怕，因為一切言說，不離虛幻相；智者不會對文字著相，所以不會被其擊倒或束縛。文字言說既是空寂相，唯有通達不受其拘束，才算解脫，這就是諸法的實相。」

破富樓那的施教觀

佛陀接連問了四個弟子都被拒絕，繼而轉向說法第一的富樓那，希望他能前往探視維摩詰。毫不意外地，富樓那也拒絕了。

富樓那有次為剛出家的比丘們講述佛法，維摩詰卻現身打斷他說，你應該要先入定觀察聽法者心之所趣，然後才好應機施教。維摩詰認為那群聽法的比丘都是大乘根器，結果富樓那卻為他們說小乘法，就像是把汙穢的食物放置在寶貴的器皿上，平白糟蹋了珍貴的器皿。他們應行菩提大道，富樓那卻讓他們走小乘的路徑，就像把大海水注入牛跡腳印，把太陽光當成了螢火。維摩詰覺得小乘淺薄的智慧就像是盲人，不能分別眾生根器的利鈍。

維摩詰說完話後直接入禪定，讓那群比丘自識宿命，而豁然開朗，恢復了菩提心。富樓那見此，明白自己是聲聞人，沒有觀根說法的能力，無法和菩薩做辯論。

破迦旃延的法執觀

富樓那自知沒有和菩薩一辯的能力，佛陀便將希望轉向了論義第一的迦旃延，卻仍舊大失所望。因為過去佛陀講法後，迦旃延都會再對其他佛弟子們演述一次，幫助大家了解佛陀所說。

有一次，佛說無常、苦、空、無我、寂滅的道理後，迦旃延也照例敷演其義，維摩詰卻突然過去訶斥他，要求不可用小乘的生滅心行演說般若實相，因為諸法畢竟是不生不滅的。

小乘雖證得我空，卻未破除法執，所以會用生滅心說實相法。維摩詰為迦旃延解說了無常、苦、空、無我、寂滅的真正意義，讓他完全無話可說，所以他也很難再去慰問維摩詰了。

破阿那律的天眼觀

天眼第一的阿那律也直接回絕佛陀，因為他有次經行時，名為嚴淨的梵王帶著眾梵天出現，請教他天眼通的功力如何。阿那律回說，可以看見佛陀三千大千世界，就好像看手中的庵摩勒果一般清楚。話才剛講完，維摩詰就突然現身責問：「用天眼看到的佛，是內心作意看到的嗎？若是，那你的天眼通就與外道的五通沒什麼不同。若不是，則就是無為，應該就看不到才對。」維摩詰一樣以相反相成的不二之法來折服聲聞僧，阿那律當下也只能噤聲無語了。

破優婆離的懺罪觀

佛陀請優婆離去探病，一樣被回絕了。優婆離是佛陀時代持律第一的佛弟子。曾有兩個比丘因犯戒內心感到羞愧、惶恐，恥於向佛求救，於是請持戒最嚴謹的優婆離為他們解惑除罪。正當優婆離向他們解說懺悔儀軌時，維摩詰現身駁斥，要優婆離不要加重兩位比丘的罪惡感，讓他們內心更加不安，應該直接滅罪才是。

為什麼維摩詰要嚴厲訶責優婆離呢？因為維摩詰是從勝義諦的角度講罪性，性是不二，超越對錯，罪的本質是空，若談有罪或沒有罪，就會落入兩邊：「罪性既不在內，也不在外，亦不在中間。」也如佛說：「心垢故眾生垢，心淨故眾生淨。」眾生隨其心的垢淨而有垢淨之別，正所謂「罪性本空由心造」。空即是「如」或「真如」，又稱為「法爾如是」、「如其所是」，就像虛空一般，不可被破壞，當然也不可被建立，空間中的髒垢或潔淨，不會汙染空間本身，打掃房間後，空間也不會因此被淨化，因為空間本來就不被汙染，空間本身是本來如此的。罪性本質亦是如此，罪垢只是顛倒妄想所生，不應將其視為實體。兩位比丘聽完維摩詰的開示後，立刻心開意解，發無上菩提心。

破羅睺羅的出家觀

佛陀請密行第一的羅睺羅前去探望維摩詰。羅睺羅也直率地說不行，因為他想起與維摩詰之間的一段糗事。有一群住在毘耶離的年輕長者子拜訪羅睺羅，好奇地問貴為王子的羅睺羅出家究竟有何利益，居然願意捨棄王位而出家修道。羅睺羅立刻向他們暢言出家的種種功德與利益。就在這時，維摩詰突然現身責備，不可以言說出家有功德，因為出離一切功德才是真的出家。

維摩詰提醒羅睺羅發出離心出家，不只要出離一切的「因」，同時也要出離一切的「果」，不僅要出離世俗生活中五欲煩惱的因，也要出離做為比丘所得的利益與清淨涅槃的善果。出離不是拋棄不好的，轉而投入好的，因為若想要拋棄不好的，心中就有好與不好、明暗、善惡等的二元對立，難免就會有追求與抗拒的心，這都違背出離的原意。

事實上，維摩詰與聲聞弟子的一連串互動，真正要講的是大乘佛法對一切事物的見諦，包含煩惱與罪惡、佛法與證悟，都是性空，都如一場夢或一個幻相般不真實。所以當了知並沒有真實的東西可以出離，無罪罰可除，就像夢中踩到老虎尾巴，不會被老虎真正咬傷；無佛法可說，老虎不真，打虎棒當然也是假的；無利益可得，夢到中了億萬樂透，然後全部供養三寶，這樣的布施算有功德嗎？夢醒之後，全都無功無德，因為這一切都只是如幻的夢境。我們所有的出離也都如幻如夢，才是真正的出離。

這時，來拜會的這些長者子聽了維摩詰的開示後，都表示自己想要出家，可是父母不同意。於是，維摩詰告訴他們，只要發無上菩提心，其實就等同於出家了。

破阿難的佛身觀

佛陀最後轉向多聞第一的阿難，要求他去探病，結果阿難也堅持不肯去。因為有次佛陀生病，阿難覺得新鮮的牛奶有助於讓佛陀恢復健康，就到一位大婆羅門家化緣牛奶，卻遭維摩詰出面阻攔，問他為何一大清早持缽在此守候。阿難解釋原因後，維摩詰又要他立即住口，因為如來是金剛不壞之身，而且佛陀諸惡已斷，眾善普會，怎麼可能生病呢？所以要阿難收斂言行，盡速偷偷地離開，因為如此作為等於是毀謗佛陀，如果讓他人聽到，就會有無謂的流言蜚語，尤其不能讓大威德的諸天及其他淨土來的菩薩聽到這些傳言。

維摩詰繼續炮轟阿難說，不要讓我們受到這種恥辱，那些外道及婆羅門如果聽到傳聞，一定會恥笑說佛陀這樣子還稱得上是老師嗎？連自己的病都不能救，要怎麼救別人呢？要知道如來的肉身就是法身，不是常人思想欲望所構成的身體，佛是世界上最尊貴的人，德行早已超越三界，這樣的身體怎會生病？

維摩詰繼續講得繪聲繪影、深刻入微，阿難則聽得進退維谷，不知所措。因為阿難是從四大和合的肉身看佛陀，所以認定佛陀會生病，而維摩詰則從究竟實相來看佛身，是永遠不變、離於煩惱與任何造作的法身，也是超越語言概念的不二之身，當然既不可能生病，也無法被治癒。

阿難被他連環炮似地責問後，內心無比慚愧，馬上改口說自己聽錯了。此時，空中突然傳來聲音說：「阿難，就如這位居士所說，佛出現在五濁惡世，是為了化導眾生，所以才示現疾病。你趕快去取這個牛乳，不需要感到慚愧。」

阿難告訴佛陀說，維摩詰的智慧辯才如此高明，所以他實在沒有資格前去探病。

佛陀的大弟子們都是已證四果的阿羅漢，為什麼還會被維摩詰訶責呢？主要是這些聲聞弟子的生命目的，在於了生死、出三界，因此厭離生死，而欣求涅槃，把生死與涅槃當成是相對的二法。對他們來說，有世間與出世間的區別，所以致力於離開世間，往出世間解脫去；也分別正邪善惡，講究要捨八邪道、修八聖道；將煩惱與菩提對立不共，必須斷盡煩惱才能證得菩提，所以相當重視事相上的修行，力行諸如出家修道、托鉢乞食、侍佛持律、山林打坐、懺悔滅罪等修行活動。

因此，維摩詰針對其偏頗與所執加以遮遣，並用中道不二的空性勝義，來呈現平等的實相與彰顯如幻的特質。在事相上，他並不全盤否定懺悔、托鉢及打坐等修行，而是提點在做這些活動時，不要落入相對的窠臼，不要拘泥於形式主義的修行模式，而應該要深化修行，貫徹中道不二的般若智慧，廣發菩提心，高揚大乘菩薩道的見解。

由維摩詰與十大弟子的應對中，除了可看出聲聞乘和菩薩乘修行理念層次的不同外，也可看出維摩詰的慈悲心懷，願意點破聲聞修行的盲點與迷惑，其實不管賢聖或凡夫，都正是從種種的「立足點」上，生出無窮無盡的「惑」。無論是修行的立足點、證得的立足點，還是人際或責任的立足點等，都會障蔽全面的視野，帶來種種的比較與切割，甚至是急切感、優越感、危機感或憂慮感，這些其實都是「惑」。追根溯源，肇禍的是立足點，這其實就是執著點。

即便是最好的「立足點」，也是一種固化、一種窠臼、一種對人生其他可能性的放棄，而維摩詰的慈悲便在於此，他毫不客氣地願意為大家「破惑」，故意擊碎所立，直接引領人們掙脫習慣的思維套路。他敞亮的問難與提撥，讓在迷霧中步履蹣跚的人，或根本不知自己迷惘的人，能夠猛然醒悟，彷彿瞬間曙光乍現，雲破霧開。

維摩詰破十大弟子的執著

十大弟子	被維摩詰訶斥原因	對治方法
智慧第一　舍利弗	舍利弗的禪坐觀	宴坐在心不在坐
神通第一　目犍連	目犍連的說法觀	說法當如法說而無所說
頭陀第一　大迦葉	大迦葉的乞食觀	行乞當無分別心
解空第一　須菩提	須菩提的平等觀	不斷煩惱、不入涅槃；與煩惱共存、不被流轉
說法第一　富樓那	富樓那的施教觀	施教要先識眾生宿命根器
論義第一　迦旃延	迦旃延的法執觀	契入無常、苦、空的大乘不二意旨
天眼第一　阿那律	阿那律的天眼觀	真的天眼應無所見，也無所不見
持律第一　優婆離	優婆離的懺罪觀	罪性本空的大乘出罪智慧
密行第一　羅睺羅	羅睺羅的出家觀	無所出離才是真正出離的真諦
多聞第一　阿難陀	阿難的佛身觀	佛陀法身不生不滅才是真身

菩薩的挑戰

——第四品〈菩薩品〉

由於聲聞弟子們都推說不能去，佛陀於是轉而請彌勒菩薩、光嚴童子、持世菩薩、善德長者等四大菩薩前往探病，孰料這些菩薩也以各自的理由紛紛推辭。因為他們和維摩詰居士之間，也曾有類似的過招。維摩詰總是出其不意地出現眼前，挑戰菩薩們不夠圓融之處。菩薩們覺得維摩詰是如此地高超絕倫，自己又有何資格擔此大任呢？

維摩詰為何對不自求安樂、願眾生離苦的菩薩有意見呢？菩薩雖已發菩提心，且廣行六度萬行，確立了上求佛道、下化眾生的生命方向，但也有其不圓滿之處，一方面他們對於得佛授記、悟道降魔的成佛教法上起執，無法融通無礙；另一方面，對於成熟眾生的手段也有所障蔽，不只能力固著，亦缺少隨順的善巧方便，所以必須引導契入不二法門，以開其局限、破其執著，方能成就不可思議解脫的妙用境界。

破彌勒菩薩的菩提觀

彌勒菩薩是一生補處菩薩，將繼釋迦牟尼佛之後降生此娑婆世界，所以又稱為當來下生彌勒佛。這樣一位尊貴的未來佛，竟認為自己無法代佛探視維摩詰。因為彌勒菩薩想起一段陳年往事，他曾為兜率內院的天王及眷屬說第八地菩薩境界，也就是不動地的不退轉之法，維摩詰不請自來，當面質問彌勒菩薩何時得佛授記？因為佛曾為彌勒菩薩授記下一生成佛，所以才會有此問難。

彌勒菩薩對兜率天宮的天王、天人說法，所說的是漸修的法門，需要修三大阿僧祇劫方證菩提，維摩詰駁斥所說的，則是圓頓法門。「頓」指無須經過修行的次第，即可頓超佛地，初發心便成正覺；「漸」則指依次第修行，從十信、十住、十迴向，然後登地。登地之後，從一地、二地，依序修至八地證無生法忍，即可不退轉，然後再修到等覺、妙覺，即可成佛。因此，漸教成佛需歷三大阿僧祇劫。所謂阿僧祇，是指數量極多，多到無法計算的程度。因此，漸教可能會令人感到佛道玄遠，容易起退心。

維摩詰用三世，即過去、現在、未來的角度詢問彌勒菩薩，究竟是哪一生得到授記？是過去，未來，還是現在？又自答，因為有生就有滅，過去生已殞滅，未來生還沒到，現在生亦流動無住，所以現在這一刻，亦生、亦老、亦滅。

最初，維摩詰是用無生的寂滅性來徵問：「若無三世，即是無生，如何知道在哪一世得佛授記？既然無生，還有受記可得嗎？若無可得，則還有阿耨多羅三藐三菩提可證嗎？」

維摩詰接著解釋說，若因為契入無生才得到佛的授記，則無生就代表成佛的正位。從無生的觀點來看，所有的現象都是本來清淨的，從來未曾被染汙、蔽障，也不具有負面的煩惱，那何須受記呢？若認為受記、證悟或成佛需要跨越或擺脫一分煩惱，才可以開顯一分智慧，直到完全斷除無明，才可徹底走出無明迷宮的話，這等於是把煩惱與智慧看成相對，智慧須從煩惱另一邊得來，如此想法並不符合正法。若尚有捨無明、得智慧的諸般動作，則都還在生滅對立的思維模式中，若認為需有所作為方能令某人證悟或某事清淨，那將是大錯特錯的事。無生意味煩惱、汙染及無明全部都不曾萌芽，是以也無須加以剪除，畢竟一切現象的真實本性，從無始以來就清淨無染，並且超越二元。

緊接著，維摩詰又用平等的真如角度來徵問彌勒菩薩：真如無生無滅，一切眾生、一切現象、一切聖賢都是真如的體現，乃至彌勒菩薩也都是真如的體現，這意味著不僅是彌勒菩薩將成佛，所有的眾生也終將成佛，真如是不二的，亦即當彌勒菩薩獲得究竟解脫之時，一切眾生也會到達究竟解脫。

維摩詰的徵問主要提點勝義菩提心的兩特性——平等性與寂滅性。平等性是指眾生與佛無別，因為凡聖平等本具，不增不減，所以愚人的菩提心本來不失，聖人的菩提心本來不得。寂滅性是不生不滅，故實際上根本無所謂發菩提心的人，無菩提可得，同時亦無菩提可退轉。維摩詰告誡彌勒菩薩，應該指導這些天人捨棄菩提有分別之見。

破光嚴童子的道場觀

佛陀改請光嚴童子前去探病，卻同樣被婉拒了。因為光嚴童子有次走訪道場時，剛好在離開毘耶離大城的路上，遇見正要進城的維摩詰，兩人簡單寒暄後，維摩詰極有耐心地一一列舉，何謂真正的道場，這些提問完全顛覆光嚴童子過去的認知，所以他覺得沒有資格承擔此任務。

光嚴童子因認為道場是修道覺悟的場所，喜歡到處去參訪，所以維摩詰一遇到他，就想要趁機點化他道場的真義，希望他不要總是在有形的硬體或建築物中尋尋覓覓，而應該從自心找起。於是，當光嚴童子請問維摩詰從何而來時，維摩詰先投其所好，回答自己是從道場來的，這個答案果然引起光嚴童子的高度關注，立刻追問：「如何才稱得上道場？」維摩詰尊者隨即答覆說：「直心是道場，無虛假故。」意思是說，直接由心發起，無諂曲，不虛偽，不摻雜意識的分別，那就是了。

為了更直入光嚴童子的蔽障處，維摩詰又進一步地細說三十一種道場，例如，發了心修一切善行，就是道場，因為能為大眾盡心做事。而六度、慈悲喜捨、神通、解脫、方便、四攝、四諦、多聞、降魔、緣起等，都無一不是道場。最後，維摩詰又回到心念這個主題，他告訴光嚴童子，只要一個念頭知道一切諸法，這也是道場。

那「煩惱」是不是道場呢？一般人認為煩惱會帶來痛苦，其實，從煩惱中反而可直接探知如實的世界，唯有直視煩惱，方可看穿其本質，亦即要先有煩惱，才有看穿煩惱後的清涼菩提，故煩惱也是道場，就如同蓮花出汙泥而不染，有汙泥才能生出蓮花。

家庭也可以是道場，縱使一般人認為家庭的負累會障礙修道，與道場功能相互矛盾，但事實上，家庭最是修福修慧的大道場，更容易出世無礙，只是這個智慧是巧慧而不是拙慧，拙慧者在冰天雪地中，還得刻意費力鑿井取水；巧慧則直接融冰取水，因為認識到冰當下的質地就是水，故不需離冰取水。生活本身就是佛法，家眷即是菩薩，不是切開來互不相干的兩回事。因此，道場可以帶著走，腳走到哪裡，道場就在哪裡。由此可知，連煩惱與束縛都可以是道場，那其他萬緣便都與道場不二了。

宋朝宗鏡禪師說：「佛在靈山莫遠求，靈山祇在汝心頭。人人有個靈山塔，好去靈山塔下修。」靈山究竟在哪裡？就在每個人的心裡，也在每個人的腳底，在種種利益眾生的萬行裡，也在每一個起心動念的煩惱裡。

破持世菩薩的欲樂觀

佛陀轉請持世菩薩去維摩詰家探病，但他也無法前往。因為他想起過去維摩詰也曾現身指正他的不是，令他非常敬佩，而自感不足，所以亦無法聽佛指示，前往慰問。

持世菩薩追憶起這段前塵往事，某日他獨居靜室修行，魔王波旬突然來訪，還帶了一萬兩千名天女隨行，加上鼓樂弦歌伴奏，熱鬧非凡。因為魔王變身帝釋天的樣子，一來就向他頂禮，非常恭敬，因此持世菩薩誤以為真的是帝釋來訪，不僅表示歡迎，還對他們循循善誘，開示說法，因為知道天人還在三界輪迴，又因福報較好而追逐五欲，縱情享樂，所以勸勉他們應當觀色、聲、香、味、觸之無常，捨棄身、命、資產，勤修出離法。

假扮的帝釋則順水推舟，表示要捨棄這些天女，並悉數奉送，讓她們伺候左右。持世菩薩連忙表示不宜，直言沙門釋子無福消受。話還未說完，維摩詰突然現身，拆穿假帝釋的身分，他告訴持世菩薩，這是魔王特意來搗亂的，然後再轉身對魔王說，這些女子自己可以照單全收。魔王聽完此話，頓時感到驚恐萬分，只想隱身落跑，無奈功力不夠，在維摩詰面前，神通完全施展不開，因此，陷入了進退兩難的境地。

此時，空中突然傳來聲音，唯有留下諸女，方可脫身。魔王迫不得已，只得把天女送出。這時，維摩詰就對這些假天女說，應當要發菩提心，從今以後，不用再由滿足欲望來得到快樂，世上還有更為殊勝的「法樂」，比如信佛、聽法、供養大眾、遠離五欲，還有修六度、道場、淨土功德等，盡是菩薩的法樂。

維摩詰要諸女遠離欲樂，因為此種快樂缺乏實質內涵或滋養成分，無法持久，不能令人真正感到心滿意足。就像吸毒的人，強烈的快感轉瞬即逝，之後只剩下空虛與絕望。也像抓癢，不停地抓，用力地抓，都不能止癢，直到最後抓破抓傷，卻只是被另一種感覺取代而已。

然而，眾生習慣於尋找快樂的捷徑，明知會落得空虛，卻仍十分熱衷，周而復始。因為只要自我的不安與恐懼生起，就想占有，渴望圓滿與完整，害怕變得渺小和死亡，也因此不停地「搔癢」。而維摩詰提供的法喜快樂，則沒有副作用，能真正茲養我們的法身慧命。

可是魔王怎願就此罷休，他轉向維摩詰用激將法，要他放棄這些女子來做好菩薩的典範。維摩詰則回應他說：「我早已放捨，只要眾生得法，我願已足。」無奈諸女仍然不從，反問，若回到魔宮該如何適應新生活？該如何修行呢？於是「無盡燈法門」應時而出，要她們點亮自己心燈的同時，也要點亮身邊的人，正因為魔宮的黑暗之深，才更要不倦地隨處點燈，一個傳一個，照亮魔宮，燈燈相續而綿延不絕。其實，維摩詰的示現，正是藉由法樂與無盡燈法門，提點持世菩薩不能只度與他相應的眾生，若只會說出離五欲之法，欠缺觀機逗教與度眾的方便，稱不上圓滿無礙的菩薩大行。

破善德長者的法施觀

佛陀轉向第四位菩薩長者子善德，請他去問候維摩詰的病情，善德馬上表示自己沒有資格去。因為他之前曾在父親家舉辦一場七天的無遮布施大法會，供養出家人、婆羅門、外道等，以及各低下階級，如孤寡及乞丐等社會各階層人士。維摩詰也來了，不過，卻是當場對著眾人數落他的不是。維摩詰說布施大會的重點，不應該在於金錢和食物，這種財施或物質上的布施，在空間及時間上都有局限，例如排在隊伍前面的人可以先拿到食物，後面的人就會晚點拿到，而且吃過飯後只是一時飽了，到了下一餐還是會餓。因此，真正的無遮大布施，應該著重於佛法的布施，這種布施沒有前後之別，可以同時間供養一切眾生。

維摩詰於是進一步解釋何謂法布施，是慈悲喜捨、六度波羅蜜等，長者子善德聽了法喜充滿，就從身上解下價值非凡的瓔珞寶珠，準備供養維摩詰，維摩詰卻拒不肯收，經長者子再三勸請務必接受，表示收下後可以任君處置，維摩詰才收了瓔珞，但立即拆作二份，一份送給與會中最貧窮的乞丐，另一份則供養來自他方淨土的難勝如來。維摩詰此舉無異是傳達了視眾生與佛平等的理念，因為將已經究竟圓滿的佛與最下層乞討的乞丐，置於同等高度，平等對待，無差無別，即是最上等、最高級的布施。

善德菩薩向佛說明以上無法前去的原委後，在場其他菩薩也依各自的緣由，一一表示不能從命。由此可知，維摩詰真是一位無礙辯才、不可思議解脫的大士，他與小乘聲聞僧及大乘菩薩之間的過招，看似總占了上風，說起道理頭頭是道，令人瞠目結舌、無法招架。然而，維摩詰的真意，卻是要與二乘與菩薩共同弘揚不思議解脫法門，來成熟眾生、莊嚴淨土，使凡夫、小乘到大乘菩薩都能了知所執所惑，藉以襯托大乘的殊勝超凡。另一方面，諸大羅漢及菩薩並非程度真的不如維摩詰，從其互動中，也可以善解成被訶斥一方的謙虛表現，他們從善如流，不端架子，共同為眾生演繹一齣大乘的方便法門。

故事發展至今，我們對於維摩詰的示疾，已大致可領悟其用心。維摩詰無非是想借用不二法門來破除凡聖眾生的執著，從折凡夫身心的染著，訶小乘修行的偏執，到袪大乘菩薩的利生滯礙，再來正說菩薩道，以得究竟解脫。

試想，如果我們使用的炒菜鍋是髒的，沒洗乾淨，還留有油汙，能炒出一盤美味的佳餚嗎？不可能。再鮮嫩高貴的食材、再高明的廚師都無法發揮廚藝，就像貧瘠的土地，遍布石礫雜草，便種不出健康的植栽，開不了漂亮的花卉一樣。得先洗乾淨、除雜質、養沃土才行，前幾品就像在做這樣的工作，把廚具道器洗乾淨，把瘠土劣土變沃土，才能納受菩薩大法。

因此，雖然到目前為止，維摩詰還未正式登場，其不二法門尚未親自開講，但先由聲聞、菩薩的暖場，把眾生不清淨的心，和偏頗的執迷先行沉澱淨化了，後面的重頭戲才能振聾發聵，開顯無礙。

文殊探病

——第五品〈文殊師利問疾品〉

佛陀的眾多弟子，竟無一人可去問候生病的維摩詰，難道要勞駕佛陀他老人家嗎？當佛陀詢問文殊菩薩可否前往探望維摩詰時，此事終於有了轉機。文殊菩薩先是大讚長者的超凡智慧與無礙辯才，謙稱自己沒有能力與之應對，但接著便表示願意承接佛陀指示。此言一出，不難想像，菴羅樹園裡的所有人有多麼興奮和激動，立即決定要一起去毘耶離，見證這次非常重要的會面。

為什麼最後是由文殊菩薩上陣呢？文殊菩薩在久遠以前就是補處菩薩，所以早就成佛了，據說龍種上尊王佛與歡喜藏摩尼寶積佛，就是文殊菩薩。最重要的是，文殊菩薩是諸佛之母，是七佛之師，今世化生為菩薩來幫助佛陀弘揚佛法。因此，文殊菩薩與維摩詰的程度較為接近，可以藉此襯托維摩詰的超凡高度。

既然如此，為何不一開始就請文殊菩薩去探病呢？主要是如此一來，其他的聲聞弟子與菩薩，就沒有機會述說過去的因緣，眾生就無法了解和學習維摩詰教化的精要。

有句話說，牡丹雖美，全仗綠葉扶持，藉以襯托牡丹的富貴。前面幾位狀似犧牲顯拙的自白，卻讓維摩詰的形象更顯立體、更有層次，也使故事內涵更彌珍貴，因此，千萬不可小看這些綠葉。

賓主初見，機鋒對揚

正當文殊菩薩與大隊人馬浩浩蕩蕩前往維摩詰家時，一直隱身幕後的維摩詰，終於千呼萬喚始出來了。只是，這位轟動武林、驚動萬教的菩薩才一出場，就又做了一番驚世駭俗的場布。

他明知文殊菩薩即將到來，不但未請家僕準備茶水，打掃環境，拿出最誠懇的待客之道，反而遣退所有侍者，以神通淨空房間，只留下自己正躺著的一張床，整個房子空空如也，連張椅子也不留下。因此，當文殊菩薩等一幫人眾到來之時，只見維摩詰躺在床上，獨自一人待在家徒四壁的房子。

維摩詰一看到文殊菩薩，就說了幾句頗具禪機的問候語，先是稱讚菩薩來得正好，接著卻說：「來了等於沒來，見了等於沒見。」文殊菩薩旋即接話說：「居士所言甚是，若已來過者，不會有同一位可再重來；若已離去者，亦沒有同一位可再重去，因為來者無所從來，去者亦無所至。」兩大菩薩深具機鋒的對話，焦點是在超越的法性上，而非指表面上的迎來送去，或覺知上的見與不見。如同搭飛機從臺北到美國，到底是去還是來，以單一立場來看，有去有來，若以整個地球更大的格局來看，來亦不來，去亦不去。

〈坐禪箴〉中有一段話說：「不觸事而知，不對緣而照。」不接觸怎麼知，沒有緣要照什麼，也是同樣的道理，是從真俗不二的圓融格局來看，不觸事、不對緣是對勝義空而言，有見聞、有覺知是從世俗諦而說，兩者不二。當我說「流動的水是靜止的」、「日月劃過天際卻無運行」等話，講的也是「真俗不二」。

問疾因，論空室，識病相

機鋒過後，文殊菩薩轉而殷勤地詢問長者的病情，問他為何會生病呢？維摩詰回答：「我的病是來自眾生的愚癡與貪愛，因為眾生生病，所以我跟著病了，如果眾生沒有生病，則我的病也會消失。其實菩薩的病，都是因為大悲心而起的呀！」

維摩詰的意思是說，他的病肇因於與眾生同體大悲的緣故。維摩詰的話，明顯是一個大翻轉。眾生因為無明與貪愛而生病，這個尚易理解，但大悲心怎麼會讓菩薩生病呢？我們可以理解菩薩對眾生的關愛有加，以致見到眾生生病受苦，就好像自己生病一樣。但其實維摩詰是透過「病因」來委說菩薩的性格，菩薩是以利他為自利的手段與方法，運用拔苦予樂的大悲心，令眾生除病解脫，自己也才能滅病解脫，菩薩不能離開眾生而有解脫可言啊！

既然菩薩的解脫不離眾生，彼此之間的關係為何呢？文殊菩薩接著看似轉移話題，好奇地問：「為何空去室內而無侍者呢？」其實這是要透過「性空」串起「菩薩」、「解脫」與「眾生」之間相即相成的關係。維摩詰說：「在諸佛的國土，本來也都是空的。」文殊菩薩接著問：「以何為空呢？」維摩詰說：「以空來空。」維摩詰的目的是要用如如的空智，去證如如的空理，簡單地說，就是用空來把外境的室也空掉，亦即用不二的空性智慧來空掉這個本質上是空的室。於是，菩薩又問：「既然本體是空，為何還需要去空它？以智慧去觀外境的空理，這個能觀的空智與所觀的空理，不就變成能所對待了嗎？」維摩詰回應說：「這不算是能所對待，而是無分別空所以空，能觀的空智，就像能顯影的明鏡；所觀的理，有如明鏡上顯現的緣影，兩者不離不棄，是無法分別的，是因無法分別，所以才稱為空。」菩薩又問：「既然有『無分別的空』，是否還有『可分別的空』呢？」維摩詰回答說：「有分別的空也是空，不論有無分別，一切都是空的。」

通常空都被局限在清淨的、無染的、正向的那一面。事實上，煩惱邪見與雜染分別的本質也一樣是空。又如，花凋謝了，是空；花尚未凋謝，也是空。所以當菩薩再問：「那空要如何求得？」維摩詰便直接回答：「當於六十二見中求。」六十二見是相對於佛法正見的六十二種外道邪見，菩薩打破砂鍋問到底又問：「六十二見當於何求？」維摩詰答：「當於諸佛解脫中求。」菩薩續問：「諸佛解脫當於何求呢？」維摩詰說：「當於一切眾生的心行中求。」

如此，反轉再反轉，邪見、諸佛解脫、眾生心行看似相反，卻是相成。因為佛法所說的緣起，具有相依相待的特質，有正就一定有邪，兩個互顯而互成，無法離邪而求正，就好像不能離冰而取水的道理一樣。所謂「此有故彼有，此生故彼生」，因緣而有，而自性本空。因此，不僅諸佛的解脫契入了空性，六十二邪見的本質亦是空性。所以維摩詰才說世上所有的妖魔與邪見外道，都是他的侍者，因為眾魔都貪戀生死，所以菩薩自願留在生死中，與眾魔相伴；菩薩雖亦與邪知邪見相隨，但因了達自性本空，故可如如不動。

凡夫的這一念心，包含了四聖（聲聞、緣覺、菩薩、佛）六凡（地獄、餓鬼、畜生、阿修羅、人、天）的十法界，諸佛菩薩也在其內，是以凡夫心的本體與諸佛沒有差別，都是如如不動的空性。但為何凡夫的一念心會有貪瞋癡、醜陋與仇視等種種的邪見與顛倒妄想？這是因為不動的心裡，有隨緣的功能，隨著淨緣就淨，隨著染緣就染。儘管如此，眾生心的源頭與諸佛一樣，皆是空的。難怪祖師大德開悟後說：「啊！我終於知道了，我跟諸佛同一個鼻孔出氣。」兩位菩薩就這樣一問一答，在語病與陷阱之間來回穿梭，不斷出題，反覆答辯，讓與會者可藉機釐清眾生邪見與諸佛解脫，皆因空而相即平等，也因空而互成互顯，而利人便是利己的菩薩道，就位於透徹空性的樞紐位置，以利益眾生來上求佛道。

一個高明的大乘菩薩探病者，不是施捨予可憐的病人，而是以請教的方式，讓病者以自己的疾病經驗，推想悲憫眾生的疾病，達到自他兼調的療癒效果，如此的「問疾」才能顯現菩薩之疾的偉大精神。是以文殊菩薩正式針對疾病，詢問維摩詰疾病的相狀及病因，然後再請教該如何慰問生病的菩薩，生病的菩薩應該如何自調調他。

維摩詰首先針對他的疾病回答文殊菩薩：「我的病，相狀無形且不可見，因為身心都是因緣假合而虛幻不實，所以身體和心理皆無不適。至於病因，則不在地、水、火、風四大失調上，卻又不離這四大的徵兆，只是眾生的病都是四大引起的，眾生生病，所以我才會跟著生病。」

如何慰問生病的菩薩呢？主要是和生病的菩薩講述四念處及悔過法。所謂四念處就是身、受、心、法，精髓在於苦、空、無常、無我。因此，慰問生病的菩薩時，可勉勵其觀身無常，但應珍惜色身，不要說厭離於身；對其說身有苦，但不因此就樂於趣向涅槃；對其說身無我，但不說沒有眾生，而是仍有眾生要度，應持續教導眾生；對其說身空寂，卻不說畢竟寂滅。接著，再繼續對生病的菩薩講悔過法，要其懺悔往昔所造之罪，但因罪業當體即空，故而不陷入過去情緒。綜合言之，生病的菩薩不可厭離色身，只想進入涅槃，反而該當好好地照顧身體，利用它來饒益眾生，借假修真。

空悲自調處方箋

最後，維摩詰再針對有疾的菩薩如何調伏自心的問題，回覆文殊菩薩。可以教導有疾菩薩觀想此病，都是由於前世妄想顛倒的各種煩惱所產生，既然無有真實存在，生病的又是誰呢？試想身體來自四大和合，又被賦予這個假名，而四大無主，則身體也是無我的，因此，病是肇因於執著有個「我」。既然知道病根所在，就應當除去對於我及眾生的執著，如何除去我及眾生的執著呢？當起因緣法想，現象生起，就只是因諸法因緣而生起，當現象消失，亦只是諸法因緣而滅去，彼此各有因緣，不可說是「我」造成其生滅的。

再來，應了解不只五蘊和合的這個身心無我，五蘊法本身也不真實，因為有法的生、有法的滅這些想法也是顛倒的，為免禍患，也應該要遠離之，也就是這個因緣和合的法也是空的，包含我與法、能與所、生與滅、內與外諸法皆空，一切平等視之，我及涅槃二者也是平等皆空，因為這些都只是名字、符號，沒有任何決定性的作用。

法無自性，而離有、無二邊。但當我們離二邊，我空，法也空了之後，又怕落入斷滅見，那種空空如也，什麼都沒有的境地。所以接下來又說還是有的，見聞覺知都有，用有來把這個空病空掉，維摩詰說「以無所受而受諸受」，有身體的感受，並不是斷滅無知的，只是這個受的本身是無所受的空性，所以不能藉滅除這個受來證入空性，如此，又回到真俗不二，不受又有受、不來又有來、不見又有見，真是精彩！

當有疾菩薩依上述我空、法空及空空，循序調伏自心後，應再加入慈悲來輔助調伏，否則就只會停留在「獨善其身」的小乘層次。因此，維摩詰續講：「菩薩親身體驗色身的萬般辛苦後，念及眾生也會經歷一樣的苦，就應當生起大悲心，用同樣的方法協助一切眾生調伏其心。」

是以菩薩為能協助眾生祛除病苦，必須先知道什麼是病的根本？就是眾生的攀緣心，總是向外境取相，並執著為實有，而被外在事物所左右的心，因為向外攀緣時產生了感受及情緒，如喜歡、討厭、無感等感覺。對於喜歡的，我們想辦法得到，對於不喜歡的，開始逃避或用各種手段來對付，種下輪迴的業因，而隨境流轉。

要如何斷攀緣？必須明白諸法都是空性，本來就無可取，如同你不可能踏進一條河兩次，因為水一直在流動。當你第二次踏入的時候，原來的河水已經流走了，你所接觸到的是新的河水。世界無時無刻不在變化當中，一切都是流動的，一切都是變化的，所以每一天的太陽都是新的。因為無住性空，所以無所得，既無所得，則不須止息這個心，只要不對抗實相的流動，它自然就止息了。

二慧調他處方箋

當有疾菩薩的自心調伏之後，接著就要運用二慧來調伏他人，所謂的二慧是智慧和方便，要以空性的智慧，及其所展現的各種方便手段來度人。但若誤認實有眾生可度，生起過度執著的同理心，則應該放捨這些情感，因為菩薩真正的大悲心，是斷除煩惱後自然生起的，若沉溺於對眾生的情執——愛見大悲，眾生得度就歡喜，不得度就悲愴，長久下來，只會對生死感到疲憊，而不堪負荷。有疾菩薩自己若還被煩惱綁手綁腳，能為他人解開束縛嗎？這是絕不可能的。反之，若自己不被綑綁，就有能力助人解開束縛。如何解開纏縛呢？這時就得智慧與方便相輔相成了。

說到方便與智慧，最具代表的非觀世音菩薩莫屬了。《心經》中的觀自在菩薩用甚深的般若，照見五蘊皆空是智慧；〈普門品〉中的觀世音菩薩尋聲救苦，現三十三身度各類眾生是方便。正因菩薩具有這兩項特質，所以自己無縛無纏，廣度眾生而不感疲厭。

事實上，觀世音菩薩度眾的過程中，只做他自己，因為眾生不再是心外的實有眾生，而是與他同體大悲，心內所幻化的眾生，因此不會陷溺於愛見大悲的情感攞盪之中，隨順眾生根機與際遇，方便自在地救度眾生。

從文殊和維摩詰的對談中，可以感受出兩位大菩薩在同一件事上，不厭其煩地熱情回應，是為使眾生周知貫徹不二的真理，而用「問疾」來委說菩薩道的自調與調他。

菩薩的疾病要令眾生病除之後才可痊癒，點出菩薩道既是解脫成佛的指引，也須在攝利眾生中完成；利用空室傳達的不二空義，串起菩薩、成佛解脫與眾生之間相即相成的關係，並本著「不為自己求安樂，但願眾生得離苦」的精神，儘管自己還是個泥菩薩，還有疾、有纏、有縛，依然不畏「泥菩薩過江」會滅頂的行願，透過為他人解纏去縛的方便與智慧，來調伏自己的纏與縛，消融了自他的對立，體會到解開他人纏縛的方便，就是解開自己纏縛的智慧，兩者缺一不可，這正是貫徹不二的真正菩薩道。

超越思維的邊界

——第六品〈不思議品〉

文殊菩薩一行人浩浩蕩蕩，在只留下一張病床的空室中慰問病人，文殊和維摩詰兩位大菩薩在互相寒暄和「語言交鋒」過後，我們明白了維摩詰是以疾病來「委說」菩薩道的自調調他，看似已完成了佛陀的任務。此時，在這個空蕩的房間中，舍利弗很好奇為何室內連張座椅都沒有，一夥人已來許久，主人卻似無意請客人坐下。於是，舍利弗這一個小小的念頭，就此翻開了〈不思議品〉的篇章。

何謂思議？「思」是以內心的思索活動來認識了解，「議」則是以語言文字來表達議論，凡是思惟認識及語言文字可得到的，就是「可思可議」。然而，但凡心思口議都會有立場、比較與參照，也因此都落於相對的二法。如果思想測度、語言文字皆不能認識與表達的，就是「不可思議」，不只是超越了凡夫的知識學問、思維邏輯，也翻越了二乘行者離生死、趣涅槃的二元邊界。而維摩詰所要發揚的核心議題，就是本經所說的「不可思議解脫」。

從因果的角度來看，前一品〈文殊師利問疾品〉多用問答來說明菩薩的自利與利他，稱作「修因」；本品則話不多說，直接顯示菩薩不可思議解脫的妙用，稱為「顯果」。這是本經一貫的架構——修因後必顯果，其「因」的特色，是提供菩薩道可修可行的實踐法；其「果」的特色，則是直接顯現菩薩淨土與不可思議解脫菩薩的力用，因果環環相扣。這呼應了第一品〈佛國品〉的因果觀，佛陀說完菩薩淨土因行之後，以足指按地，在人間直顯佛國淨土；亦如本品〈不思議品〉，維摩詰所居小小丈室，能容納數萬個巨大獅子座等，皆非一般人所能思惟與理解的。

小小因能結大大果，舍利弗的小小疑念，能讓維摩詰展現不可思議的解脫法門，達到拋磚引玉之效，故而知其一個念想座位的可貴。太虛大師曾將舍利弗比喻為《桃花源記》裡的漁夫，如果沒有這位漁夫，維摩詰所要顯示不可思議的「桃源」祕境，就不可能被發現。可見，舍利弗極其微小的起心念座，卻能引得維摩詰能鑒之心，及所顯現的不思議境界。對於外現聲聞相、內祕菩薩行的舍利弗，我們不能小覷他了！

由此可知，在《維摩結經》中，常以聲聞乘為先鋒對照組，藉以引發甚深空義、帶出大乘精神以及顯現不可思議事，其道理是一樣的，為了共揚菩薩道，諸大聲聞弟子屢受訶斥，更不惜自塑成為愚者的形象，不可不說其精神更是偉大！

至於維摩詰為何事先刻意安排空座呢？除為了引發疑念，其背後的意涵，則是要彰顯法性沒有立場的不二真義。因為只要有立足點，就會被制約而無法看到全貌。日本京都的龍安寺，以方丈庭園的枯山水而聞名，其中精心布置了十五顆石頭，觀者站在任一處、從任一角度觀賞，最多只能見到十四顆石頭，永遠無法窺得全貌。如同空其室的用心，都是要我們放下立場、放下自我中心，唯有如此，方能見到整體並發揮妙用。

求法的方式

維摩詰藉由空座引問，再反問舍利弗究竟是為求法或求座而來？舍利弗當然是為法而來。維摩詰便說求法者不貪求性命，何況是床座呢？求法者抱持的正確心態，包括求法的人應不貪軀命，「不著佛求，不著法求，不著僧求」等。

佛、法、僧三寶是佛教的根本元素，分別指佛陀、佛的教義及實踐佛法的僧眾。凡學佛者，均以皈依三寶為始，三寶是渡三界苦海的舟航，沒有這一舟航，我們無法出離苦海。不過一旦到了彼岸，自然用不著舟筏了。所以既不可以不求，但究竟來說，不可著心而求，不應執著於佛、法、僧去求；因為若有所執著，就會受到局限與束縛，根本到不了彼岸。

對此，禪宗有「逢佛殺佛、逢祖殺祖」的激烈表現，不唯三寶，甚至父母、師長等親眷，都不該成為執著與依賴的對象，習禪者均需積極斬斷偏執嚮往之心，而禪師為切斷弟子對三寶的執著，甚至不惜大動干戈。

關於不求的心態，歷史上曾留傳一則公案。據說，唐宣宗小時候為暫避迫害，出家成為沙彌。一日，他來到黃檗希運禪師所在的寺院，看到黃檗在拜佛，便問：「經典講：『不為佛求、不為法求、不為僧求。』那和尚你拜佛是為何而求？」黃檗聽後旋即給了他一巴掌，並說老僧拜佛只是拜佛。被打的沙彌，仍不死心，繼續追問：「既然不為佛求、不為法求、不為僧求，為何還要拜佛？」黃檗再次賞了他一巴掌。沙彌捂著臉頰大怒，直呼太粗魯了！黃檗禪師不由分說，再送他一巴掌，並稱：「這是什麼地方？說什麼粗細？」

這個公案的重點在於，還是小沙彌的唐宣宗習慣用自我的邏輯去思惟，一心認定拜佛背後一定隱藏著追求之心，所以想從黃檗口中問個水落石出。然而，黃檗多次打他巴掌，則是希望能在瞬間斷掉那顆思惟的心，當下顯現無分別的清淨心，可惜沙彌終究不能明白，故也無法成為維摩詰所說的真實求法者——「求法者，於一切法應無所求。」

借巨大的座椅說法

接著，維摩詰就針對舍利弗問座位的事，詢問文殊菩薩，在所遊歷過的眾多諸佛國土中，是否曾聽聞哪裡有上妙功德成就的獅子座？文殊菩薩回答：「東方有個須彌相世界，有佛名為須彌燈王，身長達八萬四千由旬，所以他的獅子座椅也是如此高大，莊嚴無比。」維摩詰聽後，立即展現神通，把三萬二千個巨大的獅子座，從須彌相國借搬過來，放入小小的斗室之中，讓每位嘉賓都有椅子可坐。神奇的是，這麼多超大型的獅子座同時放在斗室，斗室沒有變大，卻絲毫不擁擠，沒有違和感，讓在場的菩薩、聲聞弟子等全都大開眼界，親身體驗到這不可思議的解脫境界。

此時，維摩詰禮請文殊菩薩等大菩薩坐上獅子座，大菩薩們變身輕鬆就座，反觀新學的菩薩及聲聞弟子，卻因座位太巨大而無法就座。舍利弗說：「如此巨大的椅子，我們爬不上去。」維摩詰告訴他：「只須頂禮須彌燈王佛就可以上坐了。」聞言，大家紛紛頂禮須彌燈王佛，果然依佛力加被順利上坐。舍利弗見狀忍不住讚歎：「這麼多高廣的座椅，居然可以容納進這麼小的房間裡，而且沒有撞到毘耶離城的街道村落，城中人民生活工作如常。房子並沒有擴大，但室內彼此不會互相妨礙，也不會擁擠逼迫，真的是聞所未聞啊！」

以維摩詰的眼光來看，無論巨大的獅子座，還是窄小的斗室，一切都是空的。既然一切皆空，就不怕撞在一起，還可大小相互融攝。對於見證奇蹟的舍利弗，維摩詰告訴他，有一種解脫叫作不可思議解脫，安住於這種解脫者，就稱為「不可思議解脫菩薩」。

飛越想像的邊界

得此解脫者，能把須彌山這等高廣的山放進迷你的芥菜種子中，卻無所增減。為什麼呢？因為須彌山與芥子法性相同，平等不二。而住在須彌山裡的四天王、忉利諸天，仍舊照常地過生活，渾然不覺自身所在的須彌山，已被納入一顆小小的芥子裡。而能展現這種自在無礙的妙用，就稱為「住不思議解脫法門」。

大可以容納小，所以須彌納芥子，綽綽有餘不足為奇。可是，小如何容納大呢？一個小小的種子裡，怎麼可能塞得下龐大的須彌山，這不只違反世俗，也太難以想像了。

古代曾有一個書生，一直無法理解這段經文而詢問法師，法師反問他：「你做學問時，都將知識放在何處？」讀書人回答：「都在我胸中。」法師聽後說：「胸藏萬卷書，落筆如有神，這樣懂了嗎？」現代人人必備的手機，也有同樣的功用。上網問「谷歌大神」（Google），幾乎所有的事都可以掌握；不會做菜，看一下YouTube，就有專人示範做菜。手機就這麼小一支，功能卻是無窮大，這在過去也是很難想像的事，這也是凡夫如我們目前所能想像的邊界。

不可思議不僅打破空間的隔閡，也打破時間的限制，大劫也可以入小劫。劫是指很長很長的時間，將比較長的時間，融入比較短的時間裡，我們能想像的，只如黃粱一夢中「處夢謂經年，寤乃須臾頃」的主觀感受。

或許也能這樣理解，奧運百米賽的金牌，就在那零點零一秒的差距上，將過去所有付出的時間與精力，過程所克服的挫折與疲累，盡化在這一剎那的成就裡，這大概勉強能詮釋什麼是長劫入短劫。不過這樣來理解時空的相容，算是取巧，不能真正明白不思議的真義，因為維摩詰所說的時空都不是主觀的經驗感受，而是客觀上的無礙互容。

另一個思議這不可思議的方式，可以從《莊子．內篇．齊物論》來說：「天下莫大於秋毫之末，而大山為小；莫壽乎殤子，而彭祖為夭。」鳥類在秋天會落毛，新生的羽毛末端細小無比，《莊子》卻說天下沒比這毫毛末端更大的東西，反而我們認為最大的山是最小的。為何《莊子》會反著說呢？因為我們說的大小，根本是比較來的，還有比秋毫之末更小的東西，還有比大山更大的東西，因此我們根本在執著一個相對的價值。

就時間上來說，十幾歲就夭折的殤子，其實是最長壽的，而古代認為活了八百歲的彭祖才是夭子。為何長壽的彭祖反而是夭折的呢？一樣的道理，還有比彭祖更長壽的存在，在時間裡有生有死，短暫與長久的差別是什麼？都是相對的、比較性的，不是絕對的，而且秋毫與泰山的大小，殤子與彭祖的壽命，這樣的比較都還在有限當中，我們之所以不自由，是因為被空間與時間給限制住了。

怎麼跳脫有限與相對、怎麼領悟無限與自由？就讓我們來看住不可思議解脫菩薩是如何做的。

住不可思議解脫菩薩可以將時間任意延長或縮短，當眾生樂時，可以把七日變一劫那麼長時間的快樂；眾生不樂時，又可以把一劫變成只有七日那樣短暫就度過了，只是這非主觀時間，而是菩薩打破客觀時間久暫的對立。菩薩之所以能將一劫與七日長短互攝無礙，是因為時間並非真實的存在，不過是假名安立而已。

維摩詰繼續說，皮膚裡的一點點毛細孔，也可以裝得下四大海水，而在海裡游泳的魚、鱉等水中生物，不僅不會被壓扁，還是照樣悠遊自在過生活。為什麼呢？因為四大海水都是因緣所生，不異於皮膚上的毛孔，均為性空，不是具體有實在性的「兩個東西」，所以不會互相障礙，彼此可以交融含攝。同樣地，也可以把三千大千世界放在右手掌心，一邊旋轉一邊扔過恆河沙世界之外，再完好如初地放回原處，而住在其中的人生活如常，不動本處，打破了動靜的界線，往來自在。菩薩還能將十方世界的風都吸入口中，而不傷自身，世界內的樹木也不摧折；把火放入腹中，火照樣燃燒卻沒有任何傷害，打破造作的局限，運轉隨心。菩薩還能任意變化身形，應以何身得度，即現何身；能將所有聲音變作佛聲，法音宣流，開啟大眾向佛之心，打破變化的能耐，隨類趣化。

住不可思議解脫菩薩能夠展現這些利生的不思議妙用，是因為領悟到時空、動靜、造作、往來的無實性，了達它的虛幻不實，自性本空，所以不再受局限，而能隨心所欲，運轉無礙。反之，凡夫與聲聞乘不能自在無礙，原因在於認為諸法具有真實性，執著於立足點而落於相對二法，而處處受限，無法跳脫。由此可見，契入不二有多麼重要！

魔王的真面目

聽聞不可思議解脫法門的大迦葉感動不已，出聲讚歎說：「一切聲聞聽此不思議解脫法門，就好像盲者看不到眼前景象，難以理解。而智者聞已，就會廣發菩提心。」大迦葉感歎聲聞乘於此大乘佛法，就如同敗壞的種子，不能再發芽了。因此，應該懷著悲泣懊惱的心情，大聲疾呼，喚醒人們來信解此大乘法門。而一切菩薩，則應歡喜慶幸頂受此一法門。「若有菩薩能信解此不可思議解脫法門，則一切魔眾就無法擾亂，也無可奈何啊！」

此時，維摩詰卻告訴大迦葉，在十方無量世界中的魔王，大多是住不可思議解脫菩薩的示現，幻化作魔王，是為了以方便力教化眾生啊！

一般來說，菩薩有兩種面向，一是慈悲柔軟，二是金剛怒目；魔王偏向後者，又可稱為「逆行菩薩」。例如，魔王可能化作專門誘惑、搗亂者，現出種種逆境，考驗學佛人在煎熬環境中，意志是否更堅定？道心是否更穩固？因此，遇到逆向境界，應看成是菩薩的隨宜示現，都是成就學佛的善知識。所謂「寶劍鋒從磨礪出，梅花香自苦寒來」，聖嚴師父也曾說過：「任勞者必堪任怨，任事者必遭批評。怨言之下有慈忍，批評之中藏金玉。」凡磨礪、苦寒、批評、怨言，都將之當成是不可思議解脫菩薩的示現，如此我們便會甘願承受而有所成長。

美國首席大法官約翰．羅伯茲（John Roberts）曾應邀在一所貴族高中的畢業典禮上演講，他告訴在場的學生，他不會和其他演講嘉賓一樣給大家獻上真摯的祝賀。相反地，他希望在未來的歲月裡，畢業生會遭遇不公平對待，因為這樣大家才會了解正義的價值；他希望大家會遭受背叛，因為這樣才懂得忠誠的重要；希望大家時常感到孤獨，如此才不會把良朋益友視為理所當然；希望大家遭逢厄運，這樣才會意識到機運在人生扮演的角色，明白成功不是命中註定的；當偶爾遭遇失敗時，希望你們的對手都能幸災樂禍，如此才能意識到有風度的運動家精神。最後他告訴大家，不管願不願意，以上這些遲早都會發生，而我們是否能夠從中獲益，就端看能否參透人生逆境所帶來的價值。

在逆境中的淬鍊，不是忽然降臨在某個不幸之人身上的災難，而是猶如日初時落下的陰影般，是人生的另一種面貌；在逆境中挫折，不是人生途中的障礙物，而是能讓我們變得謙遜的磨刀石；在逆境中倒下，不是失敗，而是能使我們成熟的老師。如此觀待，逆向魔王豈不就是大菩薩？

〈不思議品〉從舍利弗念座被訶後，說明求法的方法是無所求。而從須彌相世界借來三萬二千個高座，全部擺進自己的斗室中，展現小大相容，以及久暫互攝等不可思議解脫的力用，真正的目的在令小乘聲聞迴小向大，尤其已解脫的無學阿羅漢自認已到彼岸，沒有什麼可以再學習了，若只是勸導，恐怕緣木求魚，但若直顯大乘不可思議的解脫法門，便會讓聲聞弟子自嘆弗如，反思連一張椅子都爬不上去，還要借助諸佛菩薩之力才能成功，進而歸向大乘菩提，繼續用功辦道了。

事實上，不只〈不思議品〉顯示了種種神通境界，萬事萬物也都有其不可思議的那一面，例如：「左邊」是一個語言文字，同時是一個思維概念，指向左邊，但有真正的左邊嗎？端看你正站在何處，所以沒有絕對的左邊，那麼左邊就不能被一個思維概念與文字所思議。只要跳脫自我中心的立場，處處都是了悟通達的解脫境，只要能夠揚棄大小、高低、生死、好壞的差別知見，時時皆可發揮不可思議的妙用。

變男變女辯眾生

——第七品〈觀眾生品〉

古德云：「開悟不在腿，說法不靠嘴。」用心良苦的維摩詰在上一品〈不思議品〉中，直接展現菩薩實踐的行動和能力，演示了燈王借座、一多相容的果德與妙用，不是為令我們望其項背，而在於讓我們見識到，還有更深廣的不可思議解脫法門可學習、可契入，因此心生敬仰，願意迴小向大，修習菩薩道。

於是，從第七品〈觀眾生品〉起，再度回到菩薩道的「因行」，對於聲聞乘應該如何觀察眾生、精勤佛道，以及祛除小乘的盲點，開始正說菩薩事業的兩個實踐面向——攝受眾生與通達佛道。

如何看待眾生？

首先攝受眾生前，先要看清楚眾生為何，知道他們真正的需求與困難是什麼，才能開出正確的藥方。於是，文殊菩薩以這個問題開啟了下一段精彩的對話：「菩薩應該如何看待眾生？」維摩詰答：「如魔法師看待自己創造出來的幻影。」為什麼菩薩應該將眾生看作幻影呢？因為幻影不是真實存在的，菩薩應以魔術師變幻出的假人一般，看待他們想要幫助的人，清清楚楚地知道那是假的，便不會被假人所蒙騙。

他還給了更多的忠告，像是以水中月、鏡中像、熱時焰、空中雲、水上泡等現象看待眾生，這些雖然都可以親身看到、聽到、經驗到，但都如海市蜃樓般，不是真相，只是從世俗諦因緣有的角度，呈現如幻的特質。維摩詰又說看待眾生如五大、六陰及十九界，佛陀只說了地、水、火、風四大，五陰是色、受、想、行、識，以及十八界，從未聽聞有五大、六陰及十九界，諸如佛有煩惱、空中鳥跡等，就像龜毛兔角一樣根本不存在，是從勝義諦自性空的角度合喻，菩薩眼中的眾生，全都是這般如幻與不實在。

維摩詰似乎是在說，如果菩薩相信有一個真實存在的眾生在某處，而且可以拿那個眾生來修持悲心，那麼基本上就是相信：這個人真實存在，他的問題、煩惱與他的痛苦是獨立且真實存在，永遠也改變不了，這樣一來，菩薩很快就會厭棄度化眾生了。反之，菩薩若把眾生看成是如幻的存在，他的煩惱與痛苦也是如幻的，那將能以無所求、無所得的心境來利益眾生，不會感到疲累，能忍一切難，能耐一切苦，不會隨眾生的劣根性而流轉，而把憎愛、對錯的二元對立，強加在外境上面。再者，還可以減少自己的貪、瞋等不良情緒，就像在夢中起煩惱，醒來後知道那只是個夢，並沒有真實性。如此，把眾生看成如幻如化的存在，即是菩薩利生首要具足的正見。

文殊菩薩再問：「如果菩薩視眾生為水中倒影、空中鳥跡，那他如何對這些眾生生起慈愛呢？」維摩詰續答：「如實告訴眾生其如幻如化的本質，才是真正的行慈。」眾生之所以牢牢地陷入煩惱執著中，就是因為不懂得本身的如幻特質所致，因此才要向眾生毫無欺瞞地老實說，並直接對症下藥。」維摩詰在說明完四無量心的「慈」之後，繼而描述四無量心的其他三心——悲是「菩薩所作功德，皆與一切眾生共之」，喜是「有所饒益，歡喜無悔」，捨是「所作福祐，無所希望」。這些都是菩薩了知眾生一如水中月影而證得的，以空慧來行持，側重行持後的不執與放下，當我們知道如何放下、放手的時候，就會更知道如何接受眾生，並展開悲智雙運的利他廣行。

如何無畏生死？

這個世界上最大的怖畏莫過於生死，世間無論貧富貴賤，沒有不對生死有所怖畏的，而聲聞乘不能度生的病徵，也在於觀眾生實有、生死亦實有是苦，所以才總想著要出離生死。而菩薩既要如實行四無量心，就必須在生死中與眾生同在，然而，菩薩自己的結業未盡，對生死還有怖畏怎麼辦呢？言外之意是菩薩如何在生死利他中自利無畏。據此，文殊菩薩代眾生發問：「菩薩要依於什麼，才能久處生死不以為畏？」維摩詰答：「當依如來功德之力。」而菩薩若要依如來功德力，就得度脫一切眾生。而「欲度眾生，除其煩惱」，使其安於正念當中，正念則無畏。

曾經有一位法師的父親，因病情嚴重送進了加護病房。法師在病房外擔憂不已，難以安心，恰好發現加護病房外有位中年男子掩面啜泣，法師二話不說就上前慰問，原來這位男子的親屬也在加護病房內生死未卜，於是法師送給他一串念珠，邀請他一起念佛安心，結果竟發現不只自己的煩惱消失，心也安定了下來。當我們從「不為自己，但願眾生」的那一刻起，便是安住於除眾生煩惱的正念中，自己也就沒煩惱怖畏了。

兩位大菩薩繼續抽絲剝繭，話題轉為生死的本源何在：生死中的善與不善，是以身為造作之因，而身以貪欲為本，貪欲的根本則是虛妄不實的分別，此分別心源於顛倒妄想，顛倒的意思是諸法本來是虛妄不實，但眾生以為實際是有，因而在這個「有」上面，起了好壞對錯等妄想分別。錯將一切因緣和合、幻生幻滅的現象，看成是真實不虛，從而起虛妄分別，以至生死輪轉不息。

這個顛倒想是以何為本呢？維摩詰最終劍指「無住」，才是免除生死恐懼的不二法門。無住即一切法皆空無住相，眾生只是在根本無住中起顛倒想。如空中花，空花本來不有，執空花為實，即是顛倒想。推其根本一切皆從幻而起，法法究竟空無所住。

只不過，維摩詰為避免大眾誤會，以為無住之後就什麼都沒有了，於是連忙再下一城：「從無住本，立一切法。」一切法是以無住為本而立，所以還是有一切法，並非空空如也。

天女散花

隨著無住為本的究竟問答告一段落，原本住在斗室的天女，忽然從隱身處現身，法喜充滿地對著大眾散花，一時間天花亂墜。只是，這些花一碰觸到菩薩，很快掉落地面；而落在舍利弗等大弟子身上時，則穩穩黏著不墜，因此聲聞弟子們試圖把花朵抖落，甚至使出神通力祛除，但是花朵還是揮之不去。

散花是為了表達對法的尊重及對人的恭敬，天女問舍利弗：「為什麼要把花去掉呢？」舍利弗說：「這花不如法，所以須盡快祛除。」但天女則回說：「切勿說這些花不如法，因為花本身並無分別心，反而是人對花才有分別的想法。若出家後心仍有分別，那才是真的不如法，若依照佛法出家，應該是沒有分別的。看看諸菩薩花不著身，顯示菩薩已經斷了一切分別想的緣故。」

花會不會沾黏在身上，究竟在示現什麼意涵呢？天女接著說：「就因為恐懼生死，所以色、聲、香、味、觸五蘊便有孔而入。對於已離怖畏的諸大菩薩，則一切五欲就無能為力。聲聞乘結習未盡，所以花就著身，菩薩結習已盡，花便不會附著。」聲聞乘花著於身已是病，設法令去則是病上加病，因認為生死實有是苦，一味想要離開，內心有執，所以外花無以遣除。而菩薩內心無染，看待生死眾生如幻如化，所以花一觸身即落地。為顯示大、小乘的優劣，特現花著不著的差別。

論生死與解脫

舍利弗聽聞天女對於花附身的一番見解之後，就問天女住在這間斗室多久了。明明問的是時間相多久，天女卻從法性角度給予答覆說：「我待在這裡的時間，與您老人家解脫的時間一樣久。」舍利弗馬上說：「那算是很久了。」天女附和說：「您老人家也解脫很久了嗎？」舍利弗默然不語。於是，天女再度追問：「您是這麼有智慧的耆老，為何沉默不語？」舍利弗回說：「因為解脫沒辦法用語言表達，所以不知如何回答。」天女就說：「言說、文字皆解脫相……不要離開文字說解脫，因為一切諸法都是解脫相。」天女的意思是說，如果認為解脫是不可言說的高深境界，那還不算解脫。就像聲聞乘以為要離開生死，包含其中的語言文字，才有解脫可言，解脫與生死被當成二元來觀看，有語言或生死就不等於解脫。但天女的見解比舍利弗更上一層樓，因為她知道離開文字就無法說解脫，文字本身性空，即同解脫本身的性空，透過性空，解脫與文字兩者相即不二。

舍利弗還是不明白什麼是真正的解脫，於是再問：「『解脫』指的是從瞋恨、貪欲和愚癡中解脫，不是嗎？」舍利弗認為的解脫，是消滅了貪、瞋、癡，解脫才會呈現出來。天女則回答：「這種教法，只是佛陀為那些沒有真正覺悟，卻自以為已經覺悟的增上慢人說的，沒有驕慢心的人，已經明瞭貪、瞋、癡的本性即是解脫，也因此沒有要甩掉或袪除的東西。」易言之，真正通達法性平等的人，了知貪、瞋、癡與解脫兩者本性皆空，所以能不斷煩惱即是菩提。

聽了天女的高論甚是讚歎的舍利弗反問，您是證得了什麼，才能夠如此辯才無礙？天女謙虛地說，就是因為無得、無證，所以無執、無礙，才能夠如此辯論，若是自認有得、有證，那就成了佛所說的增上慢人了。

從天女和舍利弗之間的辯論，可以看出菩薩乘從相上見到性空，又因性空所以相空，現象本自空寂，所以事事無礙，性相融通。然而，聲聞乘則是在現象上分析種種差別對待，最後一定著相，性相有隔閡的結果，便是唯有滅掉相後，才能證得性空，那就如同熔滅金器尋找金子一樣白費力氣。

變男變女

天女與舍利弗一來一往的辯論，始終是以性空為主軸的天女占上風，於是著了相的舍利弗就問天女一個失禮的問題：「您修行這麼高超，辯才無礙，為什麼不轉女身為男身呢？」天女說：「我在這裡十二年了，根本不曾看過女人的相，該怎麼從女人轉成男人呢？」天女還是從法性的角度切入，所謂的「男人」、「女人」和「性別」，就像魔法師的魔術一般虛幻，因為是幻，變化多端，沒有定相可得，沒有定相該怎麼轉呢？而我們認為有男有女，所以總是被外相所欺瞞。

天女為了表明她的觀點，神奇地與舍利弗調換了身體。片刻間，舍利弗發現自己在她的身體裡，而她在他的身體裡。然後反問舍利弗，為何不轉為女身？舍利弗看看自己，錯愕地說：「不知道為什麼變成女身了？」天女就說：「如果你能轉成女身，則一切女人也可以這樣做，就像你不是女人，現在卻現出女身，雖顯現為女身，但卻不是真正的女人，所以佛才會說一切諸法非男非女。」其後，天女又將舍利弗變回男身，問說：「女生的色相，現在在哪裡？」舍利弗此時終於懂得如幻如化的道理，他說：「女身色相無在無不在。」也就是說，從法性上看是「無在」，從現象上來看，則是「無不在」。等於是離開兩邊，但又肯定現象的暫時有，就像水中的月影，看上去清晰完整，卻沒有實存的本性。天女贊同地說：「一切諸法，也都是無在無不在。」從世俗諦和勝義諦融通的角度來看，現象的本然有，是為了駁斥斷滅空，而自性本空，則是要破我們執著有定相這件事，兩個要一起觀察才會圓滿。

禪宗有一個公案，一次漸源禪師和師父道吾禪師到施主家裡去做佛事，結束後，漸源禪師就敲一敲棺材，問師父說：「裡面的人是生還是死？」連問數次，道吾禪師都是反覆地說：「不告訴你！」生著悶氣的徒弟，直到回到寺院的門口，還忍不住問：「到底是生還是死？若你不說，我就把你打死！」道吾禪師說：「你打吧！我還是沒有辦法說。」整個公案的重點在於，有關生死、男女、所有對立等有為法，都是緣生緣滅的，是如幻如化的假有。如果有真實的生，就不可能滅，如果有真實的滅，就不會再生。所以沒有真實的生，亦無真實的滅。一切法生滅無常，本性卻是不生不滅。所以道吾禪師就算被打死，也不能說生或道死。

總結這一品的架構，共分兩階段呈現教化眾生的菩薩事業。首先維摩詰與文殊菩薩專從理性觀察，定要先善識眾生才能如法救度，看待眾生如幻如化，再起無執的慈悲喜捨來利他，而當發願度眾的菩薩尚有畏懼生死之心時，則以「無住為本，立一切法」的智慧，去其恐懼。兩位大菩薩苦口婆心、焦唇蔽舌，從看空眾生中行四無量心，在生死利他裡無畏生死，正說明菩薩道之無度而有度，終日度生而實無生可度的不二真諦。

若說維摩詰以「空」為善巧，藉空室引問，本品後半部的天女，則以「有」為妙用，散花開辯。在和舍利弗的辯論與互動中，透過事相演繹出如何攝受眾生，也印證前面兩大菩薩所論的理致，讓我們更明白眾生生死、文字解脫、凡聖男女，所住時間等一切法，性上空寂平等，相上妙有幻有，性相融通，便能施展不可思議的大方便，運用一切法來教化眾生。

成佛的基因

——第八品〈佛道品〉

菩薩從初發心到不可思議解脫，總括所行即是「上求佛道」與「下化眾生」兩大事業，兩者互為樑柱鋼骨，撐起菩薩大廈屹立不倒，大廈內裡與外壁的設計，則圍繞著饒益眾生的菩薩道展開，而且每品一開頭便透過問答，製造了意味深長的思維衝突；前品的下觀一切眾生，正當我們以為要說菩薩如何教化眾生時，維摩詰卻是要我們先看空眾生，眾生即非眾生，乃至生死煩惱無住，然後才在轉折中逐步推進下化眾生的方法。

〈佛道品〉自一開始，文殊菩薩開門見山就提出如何通達佛道的疑問，提問者所關切的是修持佛道的過程中，如何不誤入歧途、不遭遇障礙，順利到達目的地。再者，佛道就是菩提，是透徹諸佛的究竟之道，雖是「無智亦無得」，乃至不可言說，但為度化眾生，不得已強名為道，亦恐怕眾生誤解，而落入空空如也的斷滅見中，所以文殊菩薩還是不厭其煩地請維摩詰明示佛道，要有修行著力點才可以通達。

非道即佛道

然而，維摩詰的回應一如既往地出人意料，他說：「行於非道，就是佛道。」這個說法乍聽之下有點駭人聽聞，因為一般所謂的佛道，應該是如發菩提心、證般若慧、行六度四攝等清淨正道，做到了究竟，就能成就佛道。而「非道」則是與佛道相反，是違背真理之道，故總是偏差崎嶇、障礙重重，甚至被認為是到不了目的地而不成道路的道。

為什麼要說菩薩行於非道而能通達佛道呢？原因在於菩薩道既要饒益眾生，為之建立淨土，怎麼可能不和眾生走在一起呢？眾生迷於因果，而在三界火宅裡造種種惑業，不得出離；又背於真理，而於貪、瞋煩惱中受種種苦痛，卻以染為淨；乃至聲聞弟子偏空厭世欲入小乘涅槃，本來不能說是非道，但與佛菩薩的大乘利世精神一比較，簡直天地懸隔，所以說他們全都「背道而馳」地置身於非道的那一邊。眾生總是挑偏邪的路行走，而菩薩要成就佛道，就必須和眾生一樣走在崎嶇難行、充滿陷阱的道路上，等於是菩薩得同流於眾生，繼續留在貪、瞋、癡裡，繼續流轉於輪迴，否則便無法化導眾生。

如是可知，非道所行之處，正是煩惱眾生所在之處，佛道與非道終究不能一切為二。就好比從臺北到舊金山，可以從臺北往東飛，也可以往西飛，條條道路通羅馬。只要契入佛法，無一法不是佛法，貪、瞋、癡的邪法當然也不例外，而本品一如本經中「八萬四千諸煩惱門，而諸眾生為之疲勞，諸佛即以此法而作佛事」，重於在染行非道中通達佛道。

以煩惱為道用

維摩詰的說詞無異於翻轉既有的正邪認知，雖知菩薩為度眾生而行於非道，但要如何於非道中體達佛道，如果不加以闡明，很容易弄錯而引起誤解，所以文殊菩薩進一步問：「菩薩怎麼行於非道？」

維摩詰一一廣說，菩薩入了無間地獄的非道，苦無間斷，毫無片刻的喘息時間，但內心卻連一絲惱恚煩惱也無；菩薩入地獄道沒有罪垢，入畜生道不被愚癡、無明驕慢所迷，入餓鬼道卻能具足無量功德。眾生有無量無邊的煩惱，其中貪、瞋、癡三毒是根本煩惱，進而衍生出一切煩惱，因此小乘行者欲除之而後快，而大乘菩薩卻於三毒中示現，作諸佛事，表面上看起來是貪名利權位，貪五欲之樂而受其果報過患，殊不知這是為眾生而示現，要令眾生見識如是因、如是果，而出離五欲，進而趨向佛道，其實菩薩內心是「離諸染著」的。

菩薩有時也會「示行瞋恚」，表面看起來凶惡不已，沒來由地亂發脾氣，毫無情面，令人懼怕，殊不知這亦是示現，要令眾生見識瞋恚的過患，而不敢亂發脾氣，其實菩薩心中對眾生「無有恚礙」。這就像過去東初老人為了成就聖嚴師父而示現瞋怒，在嚴格的訶斥中，蘊藏著深切的慈悲。

菩薩有時也「示行愚癡」，顯得自己懵懂無知，一如《法華經》常不輕菩薩示現愚癡顢頇，卻是大智若愚而能調伏自他。以上針對佛道所行的處所，有遍入六道而令眾生離六趣惡，亦有示現染惑而令眾生滅三毒苦的非道示現。

接下來，維摩詰依照六波羅蜜的反面非道，示現六度障礙的「六蔽」來修六度。示現慳貪，卻能盡捨自己內外所有，乃至不惜身心性命都可布施；理應嚴持淨戒的菩薩卻「示現毀禁」，如維摩詰在〈方便品〉中至酒肆淫舍裡，到博奕戲鬧處，看起來都是犯戒的行為，但菩薩實際卻是「安住淨戒」，欲令眾生從毀禁走上淨戒的大道。六度的反面是六蔽：慳貪、破戒、瞋恚、懈怠、散亂（亂意）、愚癡。行慳貪、行破戒是如此，行瞋恚、懈怠、亂意、愚癡亦然，這正是從六蔽中行布施、持戒、忍辱、精進、禪定、智慧的六度來通達佛道。

菩薩有時為調伏剛強眾生，不得不示現驕慢，但不會輕視眾生，他的內心實是謙卑而下心，如同任人通行踐踏的橋樑一般，可見菩薩雖外現煩惱的非道之相，內心卻是清淨無染的，故縱使進入群魔邪道中，亦不會被魔所轉，反而能隨順佛法，使魔攝服而不自知。不只入於魔鬼，菩薩也會入於邪法以接濟外道，並轉以正法濟度。同理，菩薩為度薄福窮人，也會示現貧窮的樣子，但自有無盡的功德法財；有時為度五根殘缺的人，也會示現少眼缺腳；示現下賤、示現羸劣醜陋、示現老病、木訥駑鈍等等都是乘機而度眾，看起來和眾生一樣流轉於輪迴，與佛道相反，實則面向眾生才能真正契入佛陀的本懷。

不只是薄地凡夫，聲聞、緣覺二乘亦為菩薩要度的對象，為助其轉小入大，比照眾生組的模式，示現二乘之習性——證涅槃、離生死的狀態，但由於菩薩明白生死輪迴的真實本性和涅槃無異，因此能常住涅槃，而不斷生死；常在生死，而不離涅槃。菩薩示入聽聞四諦悟道的聲聞，仍能宣說前所未聞的大乘教法；辟支佛是修觀十二因緣得道，或獨自觀花開葉落而徹悟無常，菩薩示入辟支佛，仍能具足悲心願力來教化眾生。

維摩詰提示「行於非道」的重點在於「示入」，菩薩是個「明知山有虎，偏向虎山行」的大無畏者，菩薩如勇者，只因身披空性的鎧甲而不怕受傷；菩薩亦如孔雀，以毒草為食，不但不死，還能化毒物成豔麗的羽毛。古代傳說孔雀並不喜愛美好的藥草園，反而喜歡別人所害怕的毒草，倘若烏鴉食毒，將會喪失生存的機會，孔雀卻因此茁壯。一如勇者菩薩能昂首闊步在毒草叢中漫步，化毒為修行本，毒藥即解藥；能瀟灑穿梭在紅塵俗世間無礙，以煩惱為道用，不染著煩惱。

因為菩薩了知一切事物如幻性空，均具有不定性，都有轉化、轉變的可能性，故可同時具備兩邊相反的特質；六道眾生表面上雖有煩惱，但也同時蘊藏清淨，隨時都有可能轉垢成淨，因此菩薩為利眾生，而精勤不疲地「行於非道」。但凡夫若妄圖以煩惱為道用，卻仍執著於實有，就像蒼蠅困於蜂蜜一樣，追逐享樂勢必因貪得無厭而喪命。小乘行者逃避煩惱，例如手不拿金錢，是為了避免生貪心；反觀大乘行者不怕接觸視覺、聽覺等五欲，因為他們能轉化這些為成佛的因。這些情況對於凡夫來說是毒，可是對菩薩來說，它們都是藥，都是成佛的因。

何謂如來種？

於是，在維摩詰作如是答之後，便反問文殊菩薩：「什麼是如來種？」用現代語言來說，就是問如來的DNA（基因）是什麼？成佛的因是什麼？文殊菩薩的答覆是：「有身為種，無明有愛為種，貪恚癡為種……十不善道為種。簡言之，六十二見及一切煩惱，都是佛的DNA。」一直接挑明煩惱及邪見，就是成佛的成分。這不只是說「在汙穢之中可以找到清淨」或「汙穢等於清淨」，而是明白地表示「清淨是從汙穢裡面生出來的」，沒有汙染就沒有清淨。如果我們受困於清淨與汙穢完全是獨立無關的想法裡，那文殊菩薩的這種說法將令我們困惑，且難以想像，所以我們先從世間現象說起。

美國人類生理學醫學博士沙隆．莫艾倫（Sharon Moalem）在他的《病者生存：為何我們需要疾病？一位美國怪咖醫生顛覆你對疾病的看法！》（*Survival of the Sickest*）一書中，為我們揭示了「適者生存」的遺傳演化路上，困擾現代人的疾病，如第一型糖尿病、高血壓、貧血、蠶豆症，或是好發於具有北歐血統的血鐵沉積症等，都是經過千挑萬選後，被留下來的DNA造成的。雖然都是一些負面的字眼，但從古至今，不管是氣候變異造成的傷亡，或是人類遭逢病毒大流行時，這些病症反而成為讓人類得以存活的關鍵。

根據作者的解釋，地球在一萬三千年前的新仙女木冰河時期，原在北歐大地生存繁衍的人類，必須有足夠的抗凍能力，才有機會生存下來。就像葡萄在寒冷天氣裡，會將內部的水分排掉，使得糖分濃度變濃，結晶變小，冰點也會下降，以加強其抗凍能力。同理，能熬過冰河時期存活的人類，通常也是血液含糖較多，具有糖尿病 DNA 的人。

另一個遺傳病血鐵沉積症，據說發生在維京人後裔身上，過去他們統治歐洲沿岸，食物的來源只有魚類，而營養不均，故演化出身體會將鐵質鎖在體內的機制。鐵會攜帶氧氣，故缺鐵的人會貧血，免疫系統也會無法發揮正常功能，整個人會感覺混亂、頭暈或極為疲累。但若鐵質太多，則會損害關節及導致肝與心臟的衰竭，甚至精神異常。一般來說患者需要固定放血，才能身心健康。

然而，當十四世紀鼠疫大流行時，鼠疫桿菌進入人體，巨噬細胞如免疫系統的巡邏警車一樣，尋找惹事生非的對象，之後圍捕制伏或就地處決，再帶回淋巴結的警局。可是狡猾的鼠疫桿菌如特洛伊木馬般，獲得了巨噬細胞中的鐵，再透過淋巴系統游遍全身，造成腫大和脹破的淋巴結，使得大量人口死亡。血鐵沉積症的人雖會把鐵質散布並鎖在身體各個器官中，但唯獨吝嗇且排斥身體的巨噬細胞，以致鼠疫桿菌吸收不到養分，就被其消滅，經歷幾波大流行後，具有此種 DNA 的人反而得以代代繁衍。

那些看似壞的、惡的、劣的都不是如表面那般，反而是演化存活的關鍵機制，還有很多這樣的生物學現象，例如現代很多人避之不及的膽固醇，竟是幫助人體在日曬時合成維生素D的重要物質；咖啡因之於咖啡、辣椒素之於辣椒，都會抑制本身生長，但咖啡與辣椒缺乏這些生物鹼，很快便會被蟲鳥食盡，反而無法順利繁殖。真正的演化生物學者絕對不會輕易地，把任何生物的任何特質稱為「絕對的好」、「絕對的壞」、「絕對的優勢」或「絕對的劣勢」，就如大乘行者對待煩惱邪見，看似會傷害我們的慧命，卻是成佛不可或缺的DNA。

文殊菩薩進一步說明他的理由，小乘證得無為的見道位，就以為是究竟正位，一入永入，落入這種枯寂厭世的境地，看到煩惱邪見，就好像凡夫看到臭穢糞便一樣，本能地遠離，所謂水清則無魚。小乘的解脫，沉浸在偏空滯寂的境界裡，得少為足，又怎麼能再回到生死去呢？所以根本無法發起利他的菩提心。

比如在高原陸地不長蓮花，在卑濕汙泥中才開蓮花。一如若把草木種植在空中，它不可能生長，只有播種在糞壞的土地，才能提供更多的滋養而繁盛。眾生因為在煩惱汙泥中，才能生得上妙的佛法，而定性的小乘，發不起無上菩提心，反而不如起我見像須彌山那樣高的凡夫了。一切煩惱之所以能成為如來的DNA，就好比商人要得到無價寶珠，必須冒險深入巨海一樣，不進入各種煩惱的大海，就不能取得智慧的珍寶。

大迦葉聽了文殊菩薩的快人快語，心有所感，便發出讚歎的呼聲！

一切煩惱塵勞無非是如來種，大乘此理甚深，卻給人無盡的鼓勵。但對我等小乘則感到非常懊惱，不再能勘任起廣大菩提勝心，反而不如造了五無間罪的極惡眾生，他們雖受著極大苦痛，卻還能夠發起無上道心，樂求佛法。可是一般定性聲聞，反而比不上那些五逆十惡的眾生，就好比壞了五根的人，眼不能緣色、耳不能聽聲、舌不能嘗味，失去感官作用，雖障蔽了煩惱，卻也不能在五欲中得到滋養，而弘揚大乘濟世利人的工作了。是故凡夫對於佛法，會有得而復失、失而復得的反覆，聲聞卻一寂永寂，沒有失而復得的希望了。

大迦葉與文殊菩薩聯袂說了重話，借凡夫尚能成佛來訶斥定性聲聞的自絕佛種，不然，執著於無為正位的聲聞是永遠不會鄙小向大的，頗有當頭棒喝之功，不知眾聲聞聽了，是否能復發無上菩提，「回頭是岸」。

無言的教示

——第九品〈入不二法門品〉

從先前〈文殊師利問疾品〉與〈不思議品〉的脈絡可知，維摩詰透過疾病來「委說」菩薩道過程中的自利利他與自調調他，並進入「非凡夫行、非賢聖行」的不二菩薩行，帶出了不可思議解脫菩薩的神通妙用。接著說到安住於不可思議解脫的菩薩，為了攝化眾生，得看空眾生，而有〈觀眾生品〉；為了上求佛道，得行於非道，而有〈佛道品〉，屬於「正說」菩薩道的範疇。

然而，不管「委說」或「正說」，菩薩之所以能施展種種妙用方便，都不是沒來由的獲得，都要契入「不二法門」，才會有此果德與不思議事的示現，可見不二法門是本經的關鍵樞紐。

做為樞紐的不二法「門」，從功用上說，它猶如一扇門，具有開、關的兩種功能，開門，我們才能出入無礙，不至於發生不得其門而入的窘境，進門之後，不是一切都完成了，而是種種功德妙用才得以顯現，可以當成引導眾生的門徑，開發出普利一切的悲智願行；而關門，則能遮止惡法，令眾生遠離愛憎，離諸戲論而安住解脫。

彼此相對即是二

「不二」法門的二，在數字上大於一，代表多數，不過這裡是藉數字「二」引申於文義上「有此就有彼」，彼此「相對」或「相待」，若認為這相對都是實存的，等於是一刀劃出了兩邊界限：有情眾生在所見所聞的對象上，劃出了好壞、美醜、善惡、對錯等對立的分界，此即是「二」。

不只對外如此，我們還認為必有一個能認知主體與被認知的客體，斷然分明，我的生命體與外在世界不同，就如正在讀書的我與所讀的書之間的差距，經驗者與所經驗世界的差距，好似在界限之內有個我「自己」、主體、感受觀察者；界限之外另有個「非我」、客體世界、周遭環境，那是另一個世界，於是形成了我與非我的對立。

因此，「不二」是要我們離開相對，那為什麼不直接契入絕對的「一」就好，還要繞個圈子說不二呢？因為若改以絕對，又會落入依相對而起的絕對，世間眾生一聽到「一」，便會執著於有一個實在的絕對，而落入相對之中。

印順長老曾在黑板上畫一個圈圈，要大家看究竟是幾個圈，如果認為只有一個圈，那必定沒看清楚。事實上，在畫好圈的同時，便形成了內圈與外圈，至少就有了兩個圈了，再仔細看，能看到更多圈在線裡因應而生。有一就有二，一落入絕對，就成了相對，要離開相對，故也不能執著一。聖嚴師父亦曾開示：「離兩邊亦不執中間。」意指不只是離開二，也要離開一。

藉二來入不二

不二法門既是「破二不著一」的不可思議境界，然而要闡揚顯發，就得有過來人的經驗，免得後學如我們摸不著邊際。於是，維摩詰在這一品，特別邀請與會的諸大菩薩，各自暢談領悟不二法的經驗與方法，藉以做為大家如法修行的參考。

於是，法自在菩薩率先發言，他舉「生」、「滅」為例，在法相上，生與滅相對；但在法性上，諸法本自不生，此刻當然無須言滅，從性看相，即可證得無生法忍，這就是入不二的方法；德守菩薩接續發言稱「我」及「我所」為二，因為有我，就一定有我所，若證得無我，就不會有我所，也就入了不二法門。

會中有三十一位契入了無生法忍的菩薩，接力分享不二法門的修行見解，善眼菩薩說一相與無相不二、妙臂菩薩說菩薩心與聲聞心不二……，最後是樂實菩薩說實與不實不二，其中包括了垢與淨、善與不善、罪與福、有漏與無漏、生死與涅槃等等的相對法，其實都是不二的，眾菩薩都是藉說明「二法」來入「不二法」。

為何離開相對而入不二法門有那麼重要？重要到維摩詰要請這麼多位菩薩一一分享？因為眾生的羈絆都各不相同，所以各方面的執礙都要推倒。總的來說，因為我們在解決相對問題的時候，大都會設法除去消極不要的那一面，以為這樣，美滿積極的那一面就會出現，許多人的天堂與淨土觀念即是如此，只不過他們的天堂並未超越對立，只是由相對正面的那一半堆砌而成。同樣地，我們在處理善惡或垢淨時，便以除惡去垢為快；面對生死問題時，則把死亡藏在某種不朽的，諸如涅槃或天堂的理念之下；我們消弭對立的方式，不是否定一方，就是將一方歸屬於另一方之下，因而又形成了上下層次的對立。

因為我們都在相上的分界劃地自限，使得界線對立愈來愈分明，這條我們自己劃出的導火線，讓我們難以自拔地陷入泥沼，愈渴望幸福，便愈害怕痛苦；愈想望成功，愈受不了失敗；愈表現善良，就愈嫉惡如仇；愈貪戀生命，就愈怖畏死亡。當我們愈珍惜嚮往某樣東西，就愈會被失去的陰影所纏繞。

根本的問題在於：我們把這些對立的分界線誤認為是實體的存在，才會被玩弄於正反兩面的股掌之間，然而，我們從不去反問界限本身的真假。因此所有菩薩就在這個根本的問題上切入，若歸納三十一位菩薩所說的不二法門精要，可分為兩種手段——遣相門與融相門。

遣相門與融相門

「遣相門」，不管遣一邊或對立的二邊俱遣，聽起來好像是要袪除對立的界限，理論上一點也沒錯，但實際上，卻比這個簡單多了，連袪除都可免了，因為這個對立根本不存在，只需要看清楚界限的虛妄性空即可。因此遣相門，不必刻意把對立的界限挖出來，然後毀去，那只是庸人自擾，我們怎麼能毀去一個根本不存在的東西？這有點像一個人面對海市蜃樓，揮著拳頭，拚命想驅除那副幻影，只是徒忙無功，愈想除去它，就愈肯定而強化了這個幻覺。我們只需要深入觀察，便會恍然大悟，原來阻礙我們進入不二的障礙，根本不存在，而這個慧見被稱作般若性空。

所以德頂菩薩說：「垢與淨是相待而成，沒有汙染的眾生，就沒有清淨的佛陀，見垢的實性是空，空性是沒有垢相的，也沒有除垢的淨相可取，垢淨皆是順於畢竟寂滅的空相，就是入不二法門。」

弗沙菩薩則說：「善和不善是二，是對待法；若了達善性與惡性本性是空，入於無相法之際，不思善、不思惡，善惡俱空，無有二相分別，就是入不二法門。」還有許多菩薩也是從遣相入不二法門。

「融相門」，顧名思義是融合對立的二相，是菩薩用的第二個入不二的方法。當我們先把一切事物對立起來，然後全力加強正面，消除負面時，根本忘了若沒有負面，正面也不存在了。正反兩面，雖如日夜有異，但是沒有夜晚，我們也不會認識白天。我們說的「光明」，實際上是指在黑暗背景下所顯出的明亮：當我們在黑暗中看見一顆明亮的星星，我的眼睛所看到的不是孤立的星星，而是整體——明亮的星星，加上黑暗的天空，光明與黑暗實際上是同一個認知活動的兩個相連的整體。就像簡單的買賣，也許買與賣之間有某種程度的不同，卻不是截然分立的兩件事，當我們買件東西時，必有另一個人在賣它，因此買賣實是一個交易的兩端而已。

同理，正負兩極之間擁有同一個現實，不論現實的兩端是否天壤之別，卻仍是無法分割而相依相存的整體。無此則無彼，若一方消失，另一方也無法存在，沒有內在，就沒有外在；沒有得，就沒有失；沒有用力，就沒有放鬆；沒有複雜，就沒有單純。波浪雖只是一個，卻需藉著高潮與低潮顯示出來，因此你無法在高潮或低潮任何一邊找到波浪，你必須結合兩者，高潮是波浪，低潮也是波浪，高潮低潮是融合的整體，不是對立的兩邊。

因此，看似對立相待，卻具有連結的作用，而成為彼此的結合線與一個整體的融合線，就像大自然中分開水陸的海岸線，同時也是水陸相交的結合處。若跳出一個更大的視野，看到了融合線，就不會用彼岸來壓此岸，因為它超越兩者之上；就不會以善制惡，而是徹底超越善惡；也不再以生制死，而是處於超越生死的覺悟之中，生死即涅槃。融合正反兩面，就能超越兩邊，同時包容兩邊，而這個融合與超越也被稱作般若性空。

於是，那羅延菩薩說：「世間和出世間是對待的，所以為二，若知世間從因緣所生，遷變無常沒有實在，其性本空，那麼世間就是出世間，不必離世間另尋出世間，它們渾然一體，不用出、也不用入，就是悟入不二法門。」善意菩薩接著說：「生死與涅槃是二法，若了知生死性空，等同涅槃。這樣悟入生死涅槃的實相，沒有障礙纏縛，根本不用解開，生死即涅槃，就是入不二法門。」還有許多菩薩也是從融相入不二法門。

三十一位菩薩以語言簡述，如何看待各式各樣相對的二，再透過「遣相門」與「融相門」，發現對立的分界根本是條虛妄線，性空「如幻」而入不二；並了知兩邊的界線根本是條融合線，原是同一個超越的整體，性空「相即」而入不二。可以說三十一位菩薩是以「二入不二」，而不管遣相而入或融相而入，關鍵都是性空的慧見。

無言的教示

三十一位大菩薩各自闡釋了自己對入不二法門的看法，也請文殊菩薩談談自己的經驗。文殊菩薩說：「我的看法是這樣：對一切法，無言無說，無示無識，也不在於問與答，這就是入不二法門。」文殊菩薩以「無言遣有言」，掃蕩一切，泯除所有的相對性，這無疑是正確的。然而，他仍然是用語言表達，恰似靈龜拽尾，掃帚掃地，最終還是留下了痕跡。最後，文殊問維摩詰對「不二法門」的看法如何，維摩詰卻出奇不意地，久久不發一言。

談話最怕氣氛突然凝結，維摩詰擺出這樣的局面，一般凡夫與聲聞恐怕被弄得莫名其妙吧！殊不知居士的默然無言是最明快、最徹底的答覆，因為這種不可思議的真理，除了默然不語，實在找不出更好的回應了。古來以「一默如雷」來形容默然無言，實則聲洪如雷，驚天動地。於是文殊菩薩隨即讚歎：「善哉！善哉！這樣的一默，無有文字語言，才是真正的入不二法門。」

禪宗有個著名的公案，曾經梁武帝邀請傅大士講《金剛經》，可是上了法座之後，大士以撫尺拍桌一下，立即下座，無說一字，帝及眾人皆錯愕不解。正當大家莫名其妙時，寶誌禪師為大家釋疑說，大士已說法完畢。

試想，透過不完全的言說，要將諸法的真實空義照樣表現出來，無論如何都是不可能的任務。因為我們的文字、象徵、思想與概念只不過是現實的一張圖片，地圖不是真正的疆域，不可與現實本身混為一談，就好比「水」這個字，無法為你解渴一樣。所有言說、教人認識、展示都不是證入的本身，唯有自己喝到水、化為水才是。

不可否定語言

然而，法本身雖不可言說，亦無深淺，但表現真理的方式則有深淺，語言文字雖不究竟，卻也不可否定其價值。得先有眾菩薩「以言言不二」，以及文殊菩薩「以言遣言」的這兩層次，才有維摩一默可呈現。其實這都是對境界表示的一種手法，若「不說」就是不二法門的真理，那人人默然無言，豈不都入了不二法門呢？那是絕對錯誤的。所以《維摩經無我疏》提到，本品所有菩薩的法門都是成佛的必經道路，都是契入無生法門的捷徑。

前三十一位菩薩「以言而言其道」，欲界眾生耳根靈利，用語言比較容易理解會通，何況道以言傳，不用語言就難以明白要旨，若無「標月指」，便難以轉頭見月。疏文續說，文殊菩薩的「以言而遣言」，言就像豆糟的渣滓，若要得到精純的豆漿，就得經過去渣的程序，以言遣言去其糟粕，便可得其香醇。然而，遣的這個動作仍是有言，故維摩詰以默然「無言遣言」，才登極致的不二法門。三個層次似如階梯，層層登高漸見千里，其實更像齒輪，齒槽相扣，缺一不可運轉，皆是進門之途徑，所以疏文說「殊途同轍」。

譬如說，禪七規定禁語，總護法師有必要先用語言說明，設下規矩，若有人犯規，則會提醒不可講話，還需動用語言或比噓聲動作來達到禁言的目的，藉此維護禪堂靜默的氛圍，最後禪堂的靜謐無聲才能水到渠成。由此可見，若無眾菩薩一層一層的引導言說，就無法彰顯不二法門的不可言說。

因此，我們應該平等看待，不可妄生分別誰高誰低。尤其對我們來說，語言文字的作用仍不可盡廢，畢竟沒有糟粕，就沒有豆漿可喝。況且，前三十一位菩薩，各從不同角度，體悟事物的不二法性，正是我輩凡夫可以從現實生活中修學契入的借鏡。

化緣香積飯

——第十品〈香積佛品〉

上一品〈入不二法門品〉，經歷了三十一位菩薩的以言顯道，文殊菩薩以言遣言與維摩詰的無言遣言，正顯示娑婆世界眾生耳根明利，從言語文字易令眾生聞聲得益，即所謂聞、思、修入佛知見。若依菩薩為饒益眾生而建淨土的精神，他方佛國的眾生若是其餘五根較利者，菩薩則會依眾生的根器，以相應偏利的五塵境界來設教。就如本品的香積佛國的眾生鼻根最利，所以香積佛就以香氣大做佛事，其國眾生聞香便可悟道，由此可見，六塵皆為佛事。

前品三十一位菩薩加上文殊和維摩詰兩大菩薩的權實相成，從有言至無言沉默，層層剝落以深入不二法門，沉默妙不可言，是離言說、文字與概念的「真空」，而且在真空中方能自由自在地展現「妙有」的不可思議力用，真空妙有在體用之間，互為因果。

若依本經的一致脈絡，透過不二來顯淨土因果，第七、八品菩薩道的行門修持是為淨土之因，「修因」後須契入「不二」，而有「顯果」之不可思議解脫妙用與淨土之果。〈香積佛品〉的主軸，則是在入不二法門後，顯示淨土的果德，並透過淨穢的比較，以彰顯娑婆世界行菩薩道的難能可貴。

以香塵做佛事

就在維摩詰一默中，時間很快接近中午，由於聲聞比丘依佛制日中一食，過午後就不再吃飯了，但丈室中還未見齋食設供，舍利弗推己及人，難免生起了想食的念頭：「大家的午飯應該在什麼地方吃呢？」就如同第六品〈不思議品〉大眾初來乍到的念想座位一樣，都是以舍利弗的動念做為說法的引線，將小乘的小智引入大乘的方便。想當然耳，也引來維摩詰的詰問：「佛陀說八解脫法，為令各位離欲解脫，你既受持而實踐，就應以禪悅為食，怎麼會摻雜欲食而來聞法呢？」

話雖如是說，但飯還是要吃的，於是，維摩詰菩薩請眾人稍待片刻，表示將招待大家從未吃過的絕妙美食，便再度運用神通力，現出了上方超過四十二恆河沙世界的眾香國。此土香氣最為第一，勝於其他國土，佛的名號為香積。此土不只是沒有專注自利的聲聞、辟支佛，就連這種稱呼也沒有，住眾皆為菩薩，所以佛只說針對菩薩受用的大乘妙法。

這佛國的一切，眾生的身體是以清淨妙香所成，香可以建造出環境中的樓閣園苑，還可以走在用香所形成的大地，吃的食物是香食，香氣周遍流轉於十方世界，顯示此土眾生鼻根敏銳，香積佛以香塵來做佛事。

就在維摩詰現神通的當下，斗室的大眾莫不清楚看見，眾香國的住眾菩薩們，正圍繞著香積佛共坐用餐，原來那美食在遙遠的眾香國。於是維摩詰問：「有誰能去化緣佛的飯菜呢？」其他大菩薩們為避免喧賓奪主，並顧及奉佛命領大眾而來的文殊菩薩而保持沉默，沒有人願意去，而維摩詰是丈室的主人翁，理應招呼賓客，也不能離開。就在難為之際，維摩詰不起於座，在大眾面前另化一位菩薩，所化菩薩放出光明，神威奪目。

維摩詰告訴化菩薩說：「你穿越到上方世界去吧！那邊有一個眾香國，香積佛正在與那邊的菩薩一起用餐，你到那裡去，然後這樣說：『維摩詰頂禮世尊足下，敬秉問候，佛陀您少病、少惱、氣力安否？願世尊能把吃剩的食物施捨給我，我想拿到娑婆世界去做佛事，向娑婆世界中志樂小乘法者弘揚大道，廣開如來名聲。』」於是，化菩薩就在眾人面前飛升到上方世界，來到香積佛面前伏跪頂禮，並照維摩詰所說向佛陀打招呼。

以穢土之劣，顯淨土殊勝

眾香國的諸位菩薩，見了化菩薩後，驚歎於未曾有過這樣的聽聞，便詢問香積佛：「這個人說他從娑婆世界來，娑婆世界是在哪裡？又為什麼世上還有志樂小乘法的人？」請留意這邊，前文維摩詰先展現奇蹟，示現香氣所成的香積淨土微妙莊嚴，接下來便透過香積佛的回答，來對比娑婆穢土之濁劣，以凸顯香積淨土的殊勝。

香積佛回答：「下方過了四十二無限恆沙佛土，有一個世界名為娑婆，住著很能耐苦的苦惱眾生，很難調伏的剛強眾生，而教化此穢土的佛稱作釋迦牟尼，他正在為這五濁惡世中志樂小乘法的眾生，開演教法。而那裡有一位住不可思議解脫菩薩，名叫維摩詰，他也正在為諸大眾說淨土因果，唯恐他們對此理不能深信，故派了一位化菩薩來稱揚我名及讚歎眾香淨土，使聽眾們能增益功德，深信不疑。」

眾香國中有九百萬菩薩，聽了香積佛的話後，異口同聲表示想到娑婆世界一趟，親自供養釋迦牟尼佛，以及看看維摩詰等諸菩薩眾。香積佛說：「你們可以一同去，不過去的時候，需要注意幾點，首先，你們要收斂身上的香氣，以免娑婆穢土的眾生嗅了之後，心生疑惑與執著；再者娑婆世界眾生身形矮小，沒有你們這般高大，所以你們應捨去高大莊嚴的身軀，以免他們相形見絀，鄙夷自卑；最後還強調，你們久住眾香國淨土，從未見過那樣濁劣的穢土，因此切勿對娑婆的一切起輕蔑之心，因為十方國土，其性本空，皆如虛空一樣無礙而清淨，根本沒有淨穢優劣之別，只不過是釋迦如來為教化一般樂小乘法的眾生，才不全然盡現清淨國土啊！」香積佛打完了預防針後，親自用香鉢盛滿香飯交給化菩薩，化菩薩便和九百萬菩薩承佛威神和維摩詰神力，從眾香國中消失，剎那間就回到丈室了。

一到丈室，維摩詰立刻變出九百萬高廣嚴淨的超大獅子座，令他方菩薩就座，前面已有三萬二千獅子座，現再加上九百萬，這小小的丈室再現奇蹟，能容納這麼多大座，真是不可思議。因為眾香國化緣來的香飯已至，飯香普熏毘耶離城以及三千大千世界，因為太香了，聞了香氣還身心舒暢，於是吸引了毘耶離城的居民，還有諸天眾神都來到維摩舍。

無數的菩薩天人與眾人紛紛齊聚丈室，維摩詰向舍利弗等聲聞弟子說：「請用如來甘露飯，這飯熏有大悲之香，但要特別留意，如果用有限狹窄的心吃的話，會消化不良！」話才剛說完，其他聲聞弟子就念及：「這飯太少，怎麼夠眾人吃呢？」因而引來維摩詰所分化的菩薩回應道：「切莫以聲聞的小德小智，來衡量無量福慧的佛陀！海有枯、石會爛，但這香飯是吃不盡的。縱使一切人都來吃，而且每個人都挖了像須彌山那樣大的飯量，吃了一劫那麼長的時間，這缽飯還是吃不盡的！」果然大眾吃得身心快樂，香飯還是吃不盡，而且吃了香飯的人，身上的毛孔都飄出了妙香，就像眾香國香木的香味一樣，實在太神奇了！

菩薩道教法差異，顯穢土勝

飯食之後，維摩詰請教眾香國菩薩：「眾香國的香積如來如何說法？」眾香國的一位菩薩說：「香積佛說法不用文字，只用眾香便能使每位菩薩皆按戒律修行，只要坐在香樹下聞其妙香，即可獲德藏三昧，具足功德。」只要聞香就能理解佛說，持戒並獲得三昧，真是了不起！

接著同樣的問題，由眾香菩薩反問，本品的核心重點就在這個問題中展開：「娑婆世界的釋迦如來如何說法？」維摩詰說：「我們這個娑婆世界的眾生業習剛強，難以教化，所以釋迦牟尼佛就要用剛強之語來調伏他們。」何謂剛強之語呢？維摩詰接著不厭其煩地舉例，像是佛講有地獄、餓鬼、畜生三惡道，愚人作惡得苦報，有因必有果，比如殺生、偷盜、邪淫、妄語、兩舌、邪見等，就會得到相關的果報，因為眾生畏果，看到這些果報，就不敢再造惡。接著舉出善惡、垢淨等相對的概念，有應作的、不應作的；有有漏的世間有為法、無漏的出世間涅槃法；有正道、有邪道等，要令眾生捨惡從善、去染得淨。

之所以會需要剛強之語，是因為難教化的人，心如猿猴一般躁動，必須用更強烈整頓紊亂的各種方法，才可制伏駕馭。就好比暴惡的象馬不易受馴服，必須加以鞭策，使之痛徹骨髓，方可調伏就範。娑婆眾生也是如此，不以一切極苦惡言來對治劣根性，是不容易止惡行善的，所以這些剛強之語都是非常殊勝的。

眾香菩薩在聽完維摩詰讚佛所說之法後，都發出未曾有的讚歎：「這些事我們從來沒聽聞過！像釋迦摩尼佛這樣尊貴的聖者，怎麼可能使用低劣而相對的語言說法，必定是為了剛劣眾生的苦樂著想，而隱藏起無量自在的力量。而娑婆國土的菩薩也是不辭辛勞，謙下降格地以無量的大悲心生此穢土，度脫濁世的苦惱眾生，實在太了不起了！」

維摩詰進一步回應：「生在穢土的菩薩，為利眾生，大悲心都非常堅固，也因此，在娑婆世界行一生的菩薩道，就遠遠超過在他方淨土修百千劫的菩薩行。」為何穢土的菩薩道能勝過淨土呢？主要是因為穢土度生有十事善法，是其他淨土所沒有的。為何會有此方獨有、他方所無的十事善法呢？是因為穢土眾生貧窮、毀禁、瞋恚、懈怠、亂意、愚癡，還有「八難」、「樂小法」、「無德」和「剛強難伏」

的十種狀況，就需要用布施、持戒、忍辱、精進、禪定、智慧六度來收攝，再加上「說諸難法度諸苦難之人」、「說大乘法度小乘者」、「以諸善根濟無德者」、「以四攝法成就眾生」等十事善法來度，其價值由此可知。

娑婆世界行六度皆有自利利他的功能，布施能度自己的貪心，救濟他人的貧窮；持戒可護持自己的淨行，終止他人的毀犯；忍辱則成就自己的德行，息滅對方的瞋恚；精進是鍛鍊自己的毅力，調伏他人的懈怠；禪定使自己生活少欲安穩，也可以攝化他人的亂意妄想；智慧令自己光明無畏，更可破他人的愚癡黑暗，實在是娑婆世界的殊勝之處。在淨土的眾生大多清淨無過，故菩薩只能行自利六度，不像娑婆菩薩行六度，有更多利他的機會。

穢土度生，八法無礙

最後，眾香國的菩薩在聽了維摩詰菩薩說明穢土的特色後，好奇發問：「若是行願深廣的法身大士，到汙染的娑婆國土度眾生，當然能不被環境所染，任運自在地利益眾生，但初發心的菩薩道力未必堅固，就像用少許沸水投於大海，沒有不被冷水所同化的。那麼淺行的菩薩要入濁世度眾生，應該具足什麼條件才不至於產生瘡疣，終能往生淨土呢？」瘡疣是一種疥瘡毒瘤，比喻行菩薩道可能會有的瑕疵與毛病。維摩詰回答說：「菩薩若能避開可能的瑕疵，完成八種修行法，才能圓滿無缺，生於淨土。」

「菩薩度生要有慈無量心，利益眾生，但如果圖求回報便是一種瑕疵，不望回饋才能行無瘡疣；菩薩代替眾生受苦，但如果因此覺得自己很有功德，就是瑕疵，要將所修功德盡皆回施給一切有情，才能行無瘡疣；菩薩平等救助一切眾生，但若覺得自己很了不起，高人一等，這便是瑕疵，要能謙虛卑下才能行益無礙；菩薩若鄙夷初發心菩薩，便是瑕疵，對於同學菩薩要待之如佛一般恭敬，未曾聽聞過的經典，聞了要深信不疑；菩薩發菩提心修學大乘，但若輕慢小乘佛法形成對立，就是瑕疵，要能與小乘不相違背，知道都是佛陀觀機逗教而開設的方便之門，亦是入大乘的基礎，才能令其迴小向大；菩薩度化眾生不在意自己的名聞利養，但若忌妒他人得到供養，便是瑕疵；要能善於調伏妄心；菩薩常能反省己過，但若喜好傳揚他人過失，便是瑕疵，應恆常一心求諸功德，絕不在人我是非中，損抑他人來顯己之美德。」

以上這八法，都是很平常的德行，若能依著去做，凡夫也可學菩薩，所以好多鈍根的天人聽了，都發起了菩提心，願意行持這沒有瘡疣的菩薩妙行。

〈香積佛品〉到底想表達什麼？它把香積如來所在的眾香國和充滿汙濁的娑婆世界做了一個比較，道出大乘佛教所標榜的精神——菩薩道。眾香國就是理想的國土，是只聞芳香就能悟道的世界，所以太虛大師說：「建淨佛國，當於空地，不於虛空，而香乃地之最微者，故香積佛之眾香國，為淨佛國之至，過此則為虛空，不足以建佛淨國矣。」可見眾香國是個既無煩惱汙穢，又無苦惱鬥爭的上乘微妙淨土。再來，透過淨穢兩邊菩薩的交流對談可知，香積佛國沒有語言文字，而娑婆世界不僅需要語言文字，還不一定能理解透徹。對比之下，就顯示香積國淨土的優勝與娑婆穢土的卑劣，前者勝在國土清淨無染，眾生根利皆菩薩眾，教學方法無須透過落於相對的語言文字。

然而，經文說到因為在劣土，剛強的眾生更需用大悲心，並輔以十事善法行菩薩道，其功德比在淨土更高更勝，可見這個娑婆世界殊勝在於行菩薩道的難能可貴。因為生在十方淨土中的菩薩們，上求佛道的自利機會多，而下化眾生的利他機會很少，他們生在淨土比較清淨安逸，不像娑婆世界這般熱惱多病，況且娑婆眾生性情又是剛劣凶惡、習重難度，當然，娑婆的菩薩就比在其他地方做菩薩難太多了！就好比良醫在瘟疫流行的時代與地區，可以盡情發揮醫術，所能治療的眾生也很多；反之，若良醫住在無病無疫的地方，也就無所發揮了。菩薩在多病的娑婆度生功德，遠超在他方淨土百千劫的道理也是如此。這點又再一次的翻轉，告訴處身於不淨世界的人們，儘管這個世界缺陷眾多，但無須鄙夷或厭惡，只因有其優越的一面——穢土行菩薩道，勝過淨土佛國的修行。等於鼓勵小乘聲聞要迴小向大，娑婆凡夫則要發菩提心行菩薩道。維摩詰遠去淨土，化緣香積飯之舉，真可謂用心良苦啊！

無盡的菩薩事業

——第十一品〈菩薩行品〉

維摩詰示疾的本懷，無非是助佛陀弘揚菩薩道，從〈方便品〉到〈菩薩品〉，是透過眾弟子與菩薩們的轉述，得知他過去助揚的事蹟，而〈文殊師利問疾品〉到〈香積佛品〉則是現於斗室內的助揚，但斗室內的這幾品都未經過佛陀的印可，此等高深玄妙的不二之理，若未得到佛陀的認可，恐怕難讓人們起信奉持。

因此，〈菩薩行品〉從一開始，維摩詰便與文殊菩薩商量是否要一同回去見佛。既可請佛陀印證斗室內說法的真實性，也可讓菴羅樹園內的阿難尊者等人知曉香飯作佛事的殊勝，而眾香菩薩來到娑婆世界的目的，更是為了要供養釋迦牟尼佛和見維摩詰等諸菩薩眾，既然已聽聞過了維摩詰的說法，應該再領受世尊的教法。文殊菩薩也贊同說：「太好了！現在正是時候。」

突然之間，整座的菴羅樹園都變得金光閃閃，光彩奪目，阿難問佛陀為何突然有此瑞相。佛陀回說，是因為維摩詰及文殊等大眾欲歸，所以感應瑞相迎接他們。果不幾時，維摩詰就運用神通力，將大眾連同獅子座置於右手掌中，迅速飛抵佛所在處。

飯香不消

待眾人禮佛坐定後，佛陀打開話匣子問舍利弗：「此行是否見識到維摩詰居士的自在神力了？」舍利弗回答：「是的，世尊，我看到燈王借座、室包高座、香積取食、缽飯大眾等神變，這真是太不可思議了！」這時，阿難聞到撲鼻而來的陣陣異香，疑惑地問佛陀：「這是什麼香？」佛陀為阿難釋疑道：「這是從眾香國諸菩薩毛孔中所散發出來的香氣。」舍利弗再補充說：「不只是諸菩薩毛孔溢香，我們的毛孔裡也同樣發出香氣！」阿難不禁好奇地問：「這香是從什麼地方飄出來的呢？」舍利弗細說從頭，原來只要是吃過維摩詰從眾香國取來香飯的人，毛孔全都會發出香味。

阿難聽了舍利弗所說，明白香氣源頭來自維摩詰以神通力得來的香飯，便轉而向長者提問：「這香氣能留多久？」維摩詰回應：「等到這飯完全消化了，奇香才會消失。」然而，這可不是一般的飯食，阿難再詢問這飯要經過多久才會消化，維摩詰說：「一般來說，要經過一星期時間，飯才可以完全消化。」但是，隨著修行的層次與證果的目標不同，香氣消失的時間也有差異，因為這香氣是治病的法藥，病癒方消。維摩詰依此理舉例說明：「比如，未入初果正位的聲聞人食了這飯，要得到正位才消，這正是病除藥消的意思。若已經入正位的聲聞，則要證到四果阿羅漢得無漏解脫，才可以完全消化；二乘證得偏空涅槃，還不究竟，對於仍未發大乘菩提心者，食用此飯，要發大乘心才可消化；已經發菩提心者，尚在十住、十行、十迴向的階位上學習，吃過香飯，要到證得無生法忍，方得消化；已經得到無生法忍者，還不究竟，享用此飯要到一生補處的等覺菩薩，才會消化。」

香氣消失時，也就是達成目標時，維摩詰再以上味之藥來比喻，服用的人身上諸毒全部滅除後，藥效才會消失，只要諸毒還在，藥味便不會消失。香飯也是如此，要到除盡一切諸無明煩惱時，香氣才會散盡，只要還有煩惱未消，飯的香氣便不消失，言外之意，便是只要煩惱在，香氣就在，就好比有迷惘才有悟性，有黑暗才有光明，再次體現煩惱與菩提不二之理。

一切皆佛事

隨侍佛陀的阿難，一向以耳根聽聞佛法，沒想到香塵也能做佛事，不禁大開眼界，歎未曾有！佛陀聽了阿難的驚歎後回答：「是的，沒錯！雖然很難想像，但香飯確實能做佛事。更有百千萬種方式可做佛事，不同佛國土有不同度化眾生的方法。有用佛身光明來啟發眾生，世尊在說法華、華嚴等經時，便是先放光明攝受眾生；有用佛的化身來度眾；有用菩提樹或佛陀的衣服、臥具、飯香、園林、觀景台等來度化眾生；有用虛空來調伏眾生；有用夢幻、鏡像、水月等譬喻來開導眾生；有用音聲、語言、文字來說法度眾；也有清淨國土用寂靜無言說、無作為的方式來做佛事。佛陀的行動舉止，所作所為，無一不可成為度眾的佛事。」

佛陀接著說：「世間有八萬四千種煩惱，眾生受其纏繞深陷困擾，諸佛就用它來做佛事。好比良醫用藥，需以毒攻毒時，毒藥也可以是良藥，在煩惱處直指眾生，煩惱性即是空性，觀煩惱空，煩惱即菩提，則雖常在煩惱中，卻可不為煩惱所惱。這種佛事稱為『入一切諸佛法門』。」

佛陀接著告誡要學習此法門的菩薩們，諸佛如來的功德平等，是為了度化根性不同的眾生，才示現不同的佛土樣貌。佛土既是佛居住之處，又是教化眾生的世界，所以不一定是淨土，更可能因應眾生的心，而現種種差別，眾生心淨則國土淨，眾生心穢則國土穢，隨緣而示現，所以不應對佛土持有分別見，見到清淨美好的佛土，不因此歡喜，也不貪求；見到不清淨的國土，不憂惱，也不礙道心，依舊用清淨心，恭敬讚歎佛陀的殊勝功德。

佛佛道同無差別

諸佛國土、諸佛色身、說法教化等雖有差別，但是佛佛道同悉無差別。有差別，同時又無差別，所以佛的名字又被尊稱為「正遍知」、「如來」與「佛陀」。「正遍知」的「正」是了達一切諸法法性無有差別，「遍」是智慧周遍，洞徹一切諸法法相千差萬別。「如來」者，如來如去，佛於如如不動的法性中，入生死海度化眾生，隨類應化，是如法而來；化緣既盡，便如法而去，並非有生有滅的去來，其實是不來不去，無所從來，亦無所去。「佛陀」則意為能自己覺悟，又能覺悟眾生達到究竟圓覺的覺者。

佛陀繼續說：「阿難！如果廣說這三個名字的意義，說也說不盡，即使像你一樣博學多聞，再用無限的時間來聽，也無法領受它的一切。」聽了佛陀的話後，阿難慚愧地表示：「從此以後，我再也不敢自以為多聞了！」對於阿難的自謙，佛陀的教悔是：「你雖然不是菩薩中第一多聞，但在聲聞中當之無愧，只是兩者不可相比，畢竟大海深淵尚可測量，菩薩的禪定智慧、總持、辯才，一切功德卻是不可限量的。你們放棄了利他的菩薩所行，不肯發菩提心而自我局限，以致於只是維摩詰在剎那間所顯現的神力，一切聲聞、緣覺儘管花百千劫的時間，盡全力去展現，也不能做到。」佛陀這麼說，明示著小乘不如大乘，目的無它，只為了使小乘自覺處處不如菩薩的偉大，終而能見賢思齊地迴小向大，趣向佛道。

來自眾香世界的菩薩們聽得津津有味，在聽過維摩詰比較淨土的微妙與穢土的殊勝後，又聽了佛陀開示佛佛道同，以及佛土的淨不淨，全由適應眾生的機宜而定。突然想到，剛踏入娑婆世界時，心存的輕視下劣想，不免生起懊悔自責，於是趕緊發露懺悔，並合掌向佛陀請法：「唯願世尊開示妙法，能讓我們帶回眾香國當作修行指南，以報佛恩。」

不盡有為，不住無為

於此，〈菩薩行品〉的精髓要義正式開展，佛陀為眾香世界的菩薩們開示「有盡無盡解脫法門」。有盡是有為法，無盡則是無為法。有為之法是指生活的現實世間，是一切因緣和合的造作現象，因而有生老病死、成住壞空、生住異滅的歷程，小乘行者的目的就是盡除有為的生死輪迴，證得無為的涅槃解脫，如此一來，有為的世間法便無法生起作用，不能常在生死慈濟眾生，自然也就沒有拔苦予樂的方便智慧，這是小乘窮盡有為，欲住無為的過失。

大乘菩薩則不然，體認到有為法本性空寂，自然就沒有所謂有為法可斷滅；而無為法既是無為，便是無所住，哪裡還能像小乘行者一樣住於無為呢？菩薩不愛一法、不捨一法，不被一切善惡、垢淨、有為無為、世間出世間等二法所繫縛，是故，大乘所行的「有盡無盡解脫法門」，雖能斷除一切煩惱，卻留惑潤生，「不盡有為」；雖可證得無為涅槃，卻常處世間，「不住無為」。

菩薩的「不盡有為」與眾生造業受報的有為不同，乃是成佛事業中修福修慧的有為。然而，有為的生死流轉不已，輪迴的眾生冥頑不化，要菩薩們常住世間，若沒有堅不可摧的慈悲心，便很容易退心，因此不離大慈，不捨大悲的面向眾生，是「不盡有為」的首要，其次則要發大心，深發不會忘失的一切智心，亦即堅固的菩提心，有了慈悲為根，智慧為本，菩薩道上才能順利前行。

了達悲智是不盡有為的根本，佛陀再推而廣之，解說什麼是不盡有為：終日教化眾生，不生疲憊厭倦；出入生死，而無所畏；得到榮譽，心不慶喜，遭逢毀辱，心無憂慮；不輕視未學與後學，恭敬如侍佛；對於隱居山林遠離塵俗，不以為貴；

在禪定快樂的自受用中，當觀想如在地獄，不生貪著；在生死苦海裡度眾生，好比遊樂名勝一樣快樂。見來求法之人，應作師長善知識想；見有毀犯禁戒之人，心生慈憫，不起厭惡責備，設法勸化救護；少欲知足，但不逃避現實，拋棄世間；不壞佛制威儀，又可和光同塵隨順俗情；善於分辨眾生根機，因病與藥；勸請說法，隨喜讚歎；心不放逸，令眾善不失，福慧增長。能夠依上說行，便是菩薩不盡有為法門。

不盡有為的實踐要領，簡單來說，便是不離真諦中實踐俗諦，隨順世間，哪裡有苦難、哪裡有眾生，就往哪裡去，以眾生為福田，修福修慧，修種種有為的利他行，以成熟眾生，莊嚴佛土。

何謂「不住無為」？佛陀先以無為的總綱三解脫門——空、無相、無作來說明。小乘修空觀，滅色明空，唯證偏空；大乘修空觀，了達一切法空，連空法都要空掉，才可不著偏空，空既不可得，就不會執著以空為最終取證。

小乘盡了生滅的有相，而取證不生滅的無相，大乘則在生滅的有相中體得無相的真理，所以不以滅有相而取無相為究竟。小乘不入生死利他，厭離三界而不再造作生死業，證無作解脫，大乘以出世空的精神，做入世有的事業，在生死中利益眾生，實無眾生可度，無作而無不作。菩薩觀見無生無漏的真理，又能示現受生於有漏法中教化眾生；菩薩知道一切法虛妄不實，但不因契入空寂無相，而消極偏枯，仍能勇猛勤修福德智慧。能夠做到如上觀行，便是菩薩不住無為法門。

不住無為的實踐要領，簡單來說，便是在真諦中不捨俗諦，無為而無不為。有為無為，相互交涉，二諦圓融，入於中道。

世間無論大小事業，都要經過努力的過程才可能有所成就，在投入的時間、心力及各種資源中不斷累積實力，進而拓展規模，接著再繼續做得更大、更多，一切都是朝著個人「有」的方面去積累，所以稱作有為事業。既然是有為造作，便有聚有散、有成有壞，世間從未有千年不滅的王朝或永不衰敗的企業，即便一生事業順遂，死後也無法帶走，因此，有為事業終究是不究竟的。

但是菩薩的「不盡有為」是佛法的事業，恰恰相反地是為了能讓我們放下更多貪、瞋、癡與執著，往無為去實踐，但並不代表就此陷於無為，菩薩為了「不住無為」，還要行種種利生的有為事業，所以歷代祖師建設道場、擴大規模或辦種種活動、禪七、法會，只是為了弘揚佛法、利益更多眾生，希望更多人都能接受到佛法的好處，進而能夠認清自己的生命價值與意義，所以虛雲老和尚所說的「空花佛事時時要做，水月道場處處要建」，便是「不盡有為，不住無為」的最佳註腳。

眾香國諸菩薩聽聞佛法後，皆大歡喜，遍撒妙花於三千大千世界，供養於佛，讚歎佛陀能於娑婆世界善行方便，實在太偉大難得了！說完他們向佛陀告辭，很快消失不見，回到了眾香國。

〈菩薩行品〉由阿難與眾香國菩薩前後發問，經由佛陀一一回答，處處都在印證維摩詰在斗室所示的「不二法門」、「煩惱即菩提」，在在都發揮不可思議解脫的菩薩行，此品廣說菩薩「盡不盡行」，是成佛的業因，定要依此而行，方能成就淨佛國土。

見佛的方法
——第十二品〈見阿閦佛品〉

在上一品〈菩薩行品〉中，維摩詰施展神通力，一瞬間就帶著大家回到了菴羅樹園一同見佛。佛陀為大眾開示一切都可成為度化眾生的佛事，因而成就了淨穢不同的佛土，著重在清淨佛土之因，開解了菩薩的「盡無盡法門」，辯明不二菩薩因行的實踐總綱，此也呼應首篇〈佛國品〉中，寶積長者子問佛陀，如何是菩薩淨土的因果。

有因必有果，上一品〈菩薩行品〉提點了因行，本品〈見阿閦佛品〉特顯妙喜世界的佛，以及清淨佛土之果，而重心則圍繞在「見佛」，也就是如何見佛的問題。

見自己即見佛

當眾香國的菩薩法喜充滿地返回佛土後，佛陀問了維摩詰一個問題：「你來此的目的是為了見如來，那你如何觀見如來呢？」對於世尊提出的問題，維摩詰回答：「就像觀看自己本身的實相一樣看佛。」意思是說，觀察到自己身心的真實相，就等於見佛觀佛了，兩者平等無二！

我們的身心是什麼樣子呢？如何來觀見我們的身心呢？從表面來看，身心都是一種現象，都是一種虛妄有為之法。身體是四大和合，有眼耳鼻舌身、色聲香味觸、生老病死等現象；心的現象是生、住、異、滅，甚至剎那剎那生滅，內心則有善、惡等法，種種不同。但這只是表面遷變的幻相，並不是見到我們身心的真實相。那麼，我們身心的真實相是什麼呢？

一切法皆是從因緣和合而起，緣生則聚、緣滅則散，並沒有一個實在性可得，當我們深入且究竟地去觀察每一法，包含自己身心與一切世間萬物，法法究竟空寂，每一法的法性，就是平等無二的空性，這才是身心的真實相。所以從究竟觀察，法法畢竟空，這個空相是每一個眾生本來所具足的，所謂「人人都具足法身」。因為法法都有畢竟空的法性身，每一個眾生不只有表面生滅現象的身體，也都具足究竟不生不滅的法身，與佛無二。

而佛之所以為佛，就是悟證了絕對的真理——平等的空性。依此來說，佛證悟空性真理並以此法為身，佛的法身便是真理本身，所以真正的見佛，就是要見到佛以實相、法性為體的法身，這才是真見。當我們觀察自己身心，能夠觀察到身心的實相，所觀察的實相與佛所觀察到的實相無二無別，便是見到佛的法身了。

觀實相空寂，即是見佛，如經中所舉的案例，一次，佛陀升到忉利天為母說法，三個月後返回人間，由於大家太久沒見佛陀了，以致於爭先恐後總想第一個見到佛陀。其中一位蓮華色比丘尼大現神通，化身成為轉輪聖王，走在隊伍的最前頭迎接佛陀，歡喜地對佛陀說：「我是第一個見到佛陀的。」佛陀卻回覆，須菩提才是最先見到佛陀的。但當時須菩提並未在迎佛的隊伍裡，還在山洞裡修行，怎麼會先見到佛陀呢？原來當大家搶著見佛陀時，解空第一的須菩提轉念一想，佛陀曾說過：「見緣起即見法，見法即見佛。」能夠觀因緣所生法，法法從因緣而生，是故法法畢竟空寂，若能見到一切法性空，就能夠見到佛。於是入定靜觀，便於觀察諸法性空中見到如來。與這裡的觀念一樣，見到一切法是空性，便是觀到一切法的實相，就是見到佛了。

那麼，像蓮華色比丘尼那樣就一定見不到真佛了嗎？一定要像須菩提尊者這樣才能見到佛嗎？那也不一定，《金剛經》所說：「若以色見我，以音聲求我，是人行邪道，不能見如來。」是說有所見、有所求，認為有一個實在實有、可見可得的如來，就不能見到真正的如來，見到的只是佛的化身。但如果見到佛的相好，能發起精進心，進一步證悟法性本空，就能真正見到佛，不一定要離開三十二相、八十種好與種種的相才可見佛。乃至若能在各種相、各種好，甚至各種境界上面深觀，體證到法法都是性空的，一樣能見到真正的佛。

所以，維摩詰才說：「就像在自己的身心中見到實相這樣，見佛也是這樣。大乘佛法不障礙一切法，佛的相好莊嚴、眾生的身心相、一切世間種種千差萬別的法相，都能夠從中見到法法本性空，那就是真正地見到佛。」維摩詰的回答直接表明了，眾生與佛的法身無二也。

在本經中提到的法身有三處，有著層次分明的對應，首先是〈方便品〉中凡夫問疾，為破凡夫身見，說生死過患，讚歎法身功德，以欣求佛身，但未詳細說明，有可能會引發疑惑，認為佛身是有為的、可求得的，既是有為有漏，何足欣求呢？故緊接著在〈弟子品〉中，訶斥二乘把佛身當成會生病、會老死的有漏色身，於是開解佛有本、迹不同，法身為本，無漏無為，是佛的真身；色身為迹，為了化度眾生而示現有為、有漏的生滅身。不過，這也有可能會引發疑惑，認為佛的法身清淨無染、萬德莊嚴、圓滿無缺，一定與眾生不同，易使人落入對待二法。因此，才有本品，以教導菩薩，觀自己身心的實相，即是佛的法身實相，眾生與佛無二無別，來泯除差別見，入不二法，才是真見佛。

見真實佛身

既然一切法的實相，就是如來的法身，觀如來的方法就是觀一切法的空性，而空性本身無法用言語來描述，但佛陀還是從各方面來談勝義空的實相。首先從三際的時間性來觀察，時間是變動的，從過去到現在，從現在到未來。世間的一切現象，都在三際中流變。現在要觀察如來，怎麼樣才能在三際中真正地看到如來法身呢？要觀察如來「前際不來，後際不去，今則不住」。前一念早已不存在，後一念還沒生起，而現在的這一念剎那不停，也留不住。

聖嚴師父曾舉過一個例子：將一條線的中間當作現在，前半段當作未來，後半段當作過去，若用剪刀將中間剪斷，則現在沒有了，過去的段落會斷掉，未來的段落也會斷掉，那這條線也不能說是原來的那一條了。三際流動無有自性，所以不能從中見佛。佛的法身實相也不能從四大和合而見到，如同虛空，虛空沒有在這裡，沒有在那裡，而是遍一切處；佛的法身也無彼無此，非在此、非在彼。

再從五蘊的現象來觀如來，色、受、想、行、識都各有三種觀門，以色法來說，首先「不觀色」：不可以色法的種種差別相貌觀見如來，因為色是無常有為的，若色法可觀得如來，那如來也就應該是生滅的，如來是生滅的，那就非無為的法身了。再者「不觀色如」：不可以泯除了色法，得到一個統一的色如，來觀見如來，因為如來不離色法的生滅相，否則就落入了斷常見。最後「不觀色性」：亦不可以非有非空的實有自性來觀見如來。色法如此，五蘊亦如此觀。

觀佛法身，不可說一或異。我們眾生不是執一，就是執異，不是統一，就是差別，佛身不是一個一個各各差別，也不是有個固定不變的東西，所以佛才說「不二」。然而，佛說不二，並不是要執一，而是「破二不著一」，一有所著，便是眾生境界，落於有為法了。

佛身「不自相、不他相」，自他是對立的，如來的應化身隨類現形，沒有自相；法身空寂不隨緣而變，所以不他相。如同百川匯歸大海前，從高山發源，流經平地，各有其味，沒有固定的自相；然而，一旦匯入大海，皆成同一鹹味，便沒有差別的他相了。

佛身「不此岸、不彼岸、不中流而化眾生」：佛的法身不住生死的此岸，因有大智慧，不像凡夫貪著生死；也不著涅槃的彼岸，因有大悲心，不像二乘欣著涅槃；更不停於中流，所以來來去去，一刻也不停歇地當個擺渡人，盡未來際化度眾生。

總而言之，對於佛的法身用重重的否定表達：「無示無說，不施不慳，不戒不犯，不忍不恚，不進不怠，不定不亂，不智不愚，不誠不欺，不來不去，不出不入，一切言語道斷……不可以一切言說分別顯示。」是因為真理實相無法動用任何語言、知見，或是各種想像去描繪、揣測與比擬。就像禪宗祖師調伏弟子，經常不為之說破：「父母所生口，終不為子說。」「我今若為你解說，將來你定會罵我，何況我說的是我自己的體會，終不會是你的。」

有僧請馬祖禪師直接了當地指出如何是佛，馬祖說：「我今天很累，你去問西堂智藏吧！」智藏禪師也不為所動：「我今天頭痛，你去問百丈懷海吧！」百丈更是裝傻充楞：「我不會。」弟子像皮球一樣被踢來踢去，禪師們好像鐵石心腸，眼看弟子憋得如熱鍋上螞蟻，焦頭爛額、死去活來，任弟子百般哀求、千般威逼也不肯輕易放過。

其實，真理豈可言說，如果說了，弟子拿來當作標準答案，只是畫餅充飢罷了，反而害了他們，因此禪師們的訶斥棒打，重重否定，有口不能言，才是祖師的大慈悲。觀如來亦如是，唯有自己親自體證實相，如此觀佛，才是正觀，其他的觀法都是錯誤的認知。

維摩詰的前世今生

這時，舍利弗忍不住對維摩詰的來歷感到好奇，於是詢問：「您是從哪裡滅沒命終，而來投生於此娑婆世界呢？」維摩詰反問：「你所證得的法，有滅沒而後生這回事嗎？」舍利弗一楞，回說確實是沒有。

維摩詰繼續反問：「魔術師變化出來的男女，他們有出生入死的問題嗎？」舍利弗答：「沒有。」維摩詰便問：「難道你沒聽聞佛說過，一切法皆如幻不實，既然如此，為什麼你還問我：『從何而滅，而生於此』呢？舍利弗啊！所謂的滅，只是虛誑的想法，不過是漸漸敗壞的現象；所謂的生，同樣也是假象，它就是連續變化的過程。菩薩雖然有壽終沒滅，但其所植善的本質不會喪失；雖然再生，也不會增長諸般惡業。」

不過，佛陀卻有不一樣的回應，佛陀說：「有一個名為『妙喜』的莊嚴佛土，有一尊佛號無動的阿閦佛，那裡的諸菩薩與佛弟子們心行都清淨無染，維摩詰就是在那裡壽終滅沒，而投生來此的。」

為何同一個問題，有不同的答覆，只因角度不同，卻相互呼應。維摩詰的問難，發揮了勝義諦的空義，一切如幻如化，本自空寂，根本無生滅可說可得。但於世俗如幻中，亦可假說有生有滅的現象，所以佛陀隨順世俗諦，直接答覆說維摩詰從妙喜世界沒，而生此娑婆世界。

這兩種相反的問答，看似矛盾，卻需要如此才能更進一步了解佛法深義。若偏於空理，易令人不解，所以維摩詰從勝義諦說了無沒無生後，佛陀特別再從世俗諦假有來圓滿空有不二。

舍利弗聽完佛陀說法後，大為感動：「沒想到有人願意捨棄清淨莊嚴的佛土，歡喜地來到我們這個多瞋恨、多惱害的地方啊！」維摩詰用太陽驅散黑暗來比喻，回應道：「舍利弗，難道太陽的光明會跟黑暗一起並存嗎？不會的。那太陽為何還要在這個世界運行呢？太陽以光明照耀世間，是為了驅逐黑暗，菩薩就像太陽，為了教化眾生，來到不淨的佛土，但不會與昏暗愚癡同流合汙，反而會為眾生消除煩惱黑暗。」

妙喜世界在眼前

與會大眾聽聞後，都仰慕渴望見到妙喜世界的無動如來，以及諸菩薩大眾。於是，維摩詰再展神力，以右手將整個妙喜國端過來，放進娑婆世界中，但兩個世界都不增不減。妙喜國已得神通的菩薩及聲聞天人們全都驚呼，紛紛向無動佛求救，佛陀這才告知是維摩詰神力所為。另一方面，釋迦牟尼佛則招呼著大家：「來觀看妙喜世界及無動如來啊！這個佛土是如此的莊嚴，其諸大菩薩所行又是多麼清淨啊，其聲聞弟子的三業也是極為清淨的，無有絲毫穢惡雜染。」大眾回答：「世尊！我們都已清楚見到。」佛陀接著說：「如果你們想投生到這樣清淨的佛土，當勤學無動如來的修行之道，發願往生該國。」於是，當場就有無量無數眾多的人，齊發菩提心，祈願生於妙喜佛土，釋迦牟尼佛隨即一一為之授記。

佛陀實在用心良苦，他看到娑婆世界的眾生，習慣了穢惡不堪的苦惱環境，不知不覺，不知出離，於是藉機示現清淨安樂的境界，令大家生起向上仰慕之情，乃至發願要到清淨國土去。所以佛陀在娑婆度生，不只有折服眾生的剛強苦切之語，令人離惡行善、免墮惡道；同時也用攝受眾生的溫暖安慰之語，令人向上向善、趣往淨土。

《維摩詰經》共有三處現淨佛國土，都是佛陀為利眾生所開展的淨土法門：一是〈佛國品〉佛陀回答寶積長者子後，由於舍利弗的起疑，特為他以足趾按地現淨國土，表達淨心方能見淨土的意涵；二是入維摩詰斗室問疾將要結束的時候，由於舍利弗的念想齋食，維摩詰特為現香積佛的眾香世界，表達一切皆可成為佛事，包含香氣或語言，以此來建設淨土，饒益眾生；三是大眾回到佛陀處，再度辯明菩薩因行之後，用見佛與佛土來表達淨土業成的果德，特為顯現維摩詰過去所居的妙喜世界，以及無動佛來令眾生觀見，表達見佛除了有勝義諦中見佛的真實法身，也有世俗諦中為令眾生往趣的清淨佛土。

感受到佛陀的無量慈悲，舍利弗於是發願：「祝禱眾生都可以得生如同無動佛所在的清淨國土，並獲得如維摩詰居士擁有的神通力，凡聽聞、讀誦、為人解說這部經的人，全都可以獲得無量善利。」

無以倫比的供養

——第十三品〈法供養品〉

在《維摩詰經》的尾聲，天人之王帝釋天——釋提桓因站了出來，他雖一直在法會中，卻從未發言，但為了擁護流通此經，特地起而讚歎，他對佛陀說：「我跟隨佛及文殊菩薩聽過百千部經典，從未見過有這麼不可思議，自在神通，以及對諸法真實相說得這麼徹底明瞭的經典。以我的理解，眾生如果聽聞這部經，能夠信解、受持、讀誦，一定可以得到信法不疑。」由於這部經是諸佛菩薩法身慧命之所繫，所以帝釋發願和眷屬一起全力守護修持《維摩詰經》的人。

聽了帝釋發願護持《維摩詰經》後，佛陀歡喜而讚歎，並說明本經是廣大的過去、未來、現在三世諸佛的不可思議無上正等正覺之法，因此受持供養此經，等於是供養過去、未來、現在三世諸佛一樣。

功德無量貫穿三世

為了說明受持此經的功德，佛陀詢問：「如果以一增劫或一減劫那麼長的時間，以尊敬心，供養三千大千世界住世那麼多的佛，令飲食起居奉事所安，並在佛滅度後，供養佛的舍利，會不會得到了不起的福德？」帝釋回答：「當然會，而且福德多到說不盡啊！」但那都是有相、有為、有限量的功德，佛陀接著說：「若有信解、誦持、修行本經的人，所得福德遠勝於供佛與供舍利。因為本經是諸佛之母，諸佛菩提都是由此而生，菩提實相無相，不可限量，因此福德亦不可限量，實相既不被時間、空間所限制，豈是以供養可計量的增減劫的時間，與有限量的三千大千世界如來舍利的功德，所可以比擬的。」

校量了有限量與無限量的功德後，佛告訴帝釋，法供養才是所有供養最上等的。為了幫助大家領悟到底法供養有多殊勝，佛陀娓娓道來一段久遠前的故事：很久很久以前，藥王如來住世時，有個轉輪聖王名叫寶蓋，寶蓋及其眷屬都非常虔誠，用了整整五劫的光陰供養藥王如來，之後由他的一千個兒子接棒，又花了五劫時間誠心供養佛，一千個兒子當中，有一位月蓋王子，某日獨坐尋思，想知道還沒有更好的供養，他很想對藥王如來做最高、最上的供養。突然間，空中傳來天人的聲音：「法之供養勝過一切供養。」並建議他到藥王如來處去請法。

最上等之法供養

於是，月蓋王子便前往拜訪，並請藥王如來為其開示何謂法之供養。藥王如來告訴王子：「法供養就是諸佛所說的微妙甚深經典，無論是發揚不二實相的、闡明性空的、開顯法身的，這些都是不能以分別思惟所能得的，所以通常眾生都不易相信，也很難接受，但供養佛所說的這類甚深經典才會是最難能可貴的。這樣的法藏，不僅攝受菩薩的行持，若依此實相總持來印心，便可至不退轉，並成就六度；修持者能善解所有法義，符合菩提實相大法，故為所有經典中最上者。」

藥王如來在表明了信受甚深實相經典就是法供養，接著從深經教法的功能上，再細細道來：「佛所說的如是實相經典，能契入廣大的慈悲心，濟度一切眾生，令離外來的魔事與邪見的擾亂，眾生若依此經典教法，便能背離生死之苦，得住大涅槃樂，並得到佛的功德法藏。因此，若能聽聞如是經典，信解、受持、讀誦，以方便力為諸眾生分別解說，顯示分明，並全心守護之，就是一種法之供養。」

我們都知道，修行需要正見來指導，正見是就從研讀和受持佛經而來。在這樣的一個時代，由於好的老師難求，於是佛經或祖師語錄就成為我們最好的老師。就像入海尋寶的人需要指南針與藏寶圖一樣，光有勇健的水手，有時候反而更加危險，可能偏離了方向也渾然不覺。《愛麗絲夢遊仙境》中的主角掉入兔子洞，進到了異世界，有一次在交叉路口迷路了，問路旁樹上的微笑貓該往哪裡走。微笑貓問愛麗絲：「你要去哪裡？」愛麗絲搔搔頭回答：「我也不知道！」微笑貓便說：「既然你不知道要去哪裡，那你往哪邊走都一樣！」若不知目的地、不依路標前進，只是盲修瞎練，不免落得「野狐禪」，求升反墮，得不償失啊！

所以佛陀特別重視經典的信解、受持、讀誦與流傳，並將之視為最上等的法供養，唯有透過言教或文字般若，才能代代相傳，明燈永續，使學佛者永遠知所方向、知所依歸，如同一滴水回到大海。若以經教為依歸，等於找到了靠山，不會再迷失方向。所以學習佛法，依循佛教義理特別重要。

然而，用文字或符號來形容事物或實相觀念的教義，並不等於事物或實相本身。就像藏寶圖不等於寶藏一樣，如果以為文字即是文字所表達的本身，便永遠見不到文字所要表達的事物了。就像畫餅不能充飢，望梅不能止渴一樣，紙上談兵，仍只是一場空談。文字教義沒有實踐為落腳點，永遠只是理論，文以載道，更需要致用，佛教義理不管深淺皆相同，不落實於現實，只會變成學術名相或概念。

話說神贊禪師行腳參方，受百丈禪師點撥開悟後，回到剃度授業恩師的寺院，他的師父問道：「你離開我之後，有學到什麼呢？」神贊回答：「沒什麼。」於是寺院繼續分派他去做雜務。有一天，師父洗澡時，要神贊幫他拭去背上的汙垢，神贊拍拍師父的背說：「好一座佛殿，只是佛不聖明。」接著又說：「佛雖不聖明，但能放光。」師父回頭看著他，只覺得奇怪。

此時，窗下一隻蜜蜂老撞著紙窗，想要飛出去，神贊看到後說：「世界廣闊你不肯出去，偏偏鑽向這故紙，要飛到何年才能去得了啊！」「故紙」是一語雙關，藉蜜蜂窮鑽紙窗不肯出，暗示他的師父老是從佛經故紙裡求道，終不能得。

佛陀的一生，言說與實踐互相驗證，才使佛法在當時得以廣泛地弘傳，後代弟子再將佛法記錄於經典，由義解而傳播，佛法本身不歸結為經教，卻依教而行。因此，信解經教還不夠，更需要付諸實踐，本著悟入經教的見地，在實際生活中去融合，消除無始以來的積習，藉教而悟宗，捨妄而歸真。從依經教的聞而思，到不昧經教的思而修，最後不即經教的修而證，履踐菩薩大道而無所行，攝化眾生而不取眾生相，達到究竟圓滿的境地，才是更積極地法供養。

依四依法實證修行

因此，藥王如來更進一步說：「對教法能如說修行，獲得實證，才是最高、最上的法供養。」其中要契入實證的修行，必須配合四依法：

一是依義不依語，用以表達的語言文字，時移世異，遷變無定，沒有一定標準，應以被表達的義理做為依憑，如手指月，手指如語言文字，明月如義理，如果只看著手指，便看不見月亮，猶如禪宗所講的「死在句下」，緊盯著或執著文字、語言、觀念，終究不可能獲得實證。

二是依智不依識，因為識是妄識，有情眾生能分別執著的是識，而能離諸煩惱分別而不執著，與真理相應的便是智，唯有智慧能遠離顛倒夢想，體悟真理，所以要依智不依識。

三是依了義經不依不了義經，不了義經指的是說的不夠徹底，因佛觀眾生的根器，小智小見，不堪大法，只能方便權巧地說到自利與個人解脫。相對而言，了義經是大乘經典，佛暢懷而說，是究竟實相，性空不二，還能自利利他的真說，故應依了義經而行。

四是依法不依人，修學佛法需有善知識引導，所以佛法有佛說、菩薩說、祖師說、各種人說，重點在於法，若法是了義的，誰說都是究竟，應以究竟真理為師，而不是依人，因為人多隨因緣而善變，往往都是靠不住的，依法不依人，才不會落入偏見。

如此一來便能「隨順十二因緣，離諸邪見，得無生忍，理解無我、無眾生之實相，並觀想十二因緣畢竟寂滅，無有盡相，這就是最上等的法供養」。

月蓋王子從藥王佛處聽聞法義後，就獲得柔順忍可的境地，也就是從此不會違背實相的柔順安住，並隨即解下身上的寶衣飾品，供養藥王如來，發願守護正法。因此，藥王如來為之授記，將會在佛入滅後守護法城，而月蓋王子也隨即信心出家，精進不懈，不久便獲得五神通，具足菩薩道，更善能聞持，辯才無礙地教化眾生。佛陀講完故事後，告訴帝釋，當時的寶蓋王，就是現在的寶炎如來，他的千子就是賢劫中的千佛，而月蓋王子，就是我的前身。

佛陀講述自己的本生故事，所要表達的乃是，與其供養飲食、物資或財寶，乃至建佛塔、供養佛陀等外財供養，或是以自己的身體、體力、智力、心力來承事供養，做種種事來服務等內財供養，都不如信解、受持、讀誦，付諸實踐，所謂依教奉行，以身如法修持甚深經典所說的空、無相、不二的真理，並發揚實相，為人解說，這就是法的供養，也才是無以倫比、最上等的供養，你們亦當以法供養於佛啊！

付託於未來

——第十四品〈囑累品〉

在上一品〈法供養品〉中，帝釋天發願弘揚《維摩詰經》，引發佛陀讚歎並苦口婆心地勸導與會眾人，應該學習月蓋王子以法供養，從信受實相深經，到如說修行、為人演說，才是諸供養中最殊勝、最上最好的法供養者。

而為了使正法久住，流通不絕，到了最後一品，佛陀則要鄭重地交代這部經的守護、流通與解說等任務。彌勒菩薩是一生補處的未來佛，傳持佛法，責無旁貸，阿難則是結集經藏的最初傳法人，所以佛陀再三致意，要把此經託付給彌勒菩薩及阿難流傳了。

佛陀首先咐囑彌勒菩薩說：「現在，將把我在無量時間裡，修行福慧而得的無上菩提之法的教義傳給你。請你務必竭盡神力在佛滅度後的末世中，廣宣、流通、傳布這部經，絕不可使它斷絕，這是交託給你的任務。因為在未來，會有善男子、善女人及護法諸天們，發菩提心來修持此大乘法門，如果經典失傳，他們將喪失親近大乘佛法，取得善利的機會。末世能發大心的眾生，若能聽受此經，必生諸多信樂，發稀有難得想，並至誠頂戴受持，所以你應隨其所應得的利益，廣說此甚深經法！」

要廣宣流通此經，還得先認識根機，有什麼樣的根機，就有對應的弘揚方式，所謂應機化導，因材施教，未來傳此經典，勢必得要多加留意。於是，佛陀提醒彌勒菩薩，同樣是發心修學大乘的菩薩，卻有兩種不同相貌，第一種是喜好雕飾華麗文句的新學菩薩，那是單在文字方面著眼，以為語言說得動聽、文字寫得優美，就完成了弘揚佛法的能事，那是沒有在義理上貫通，更沒有伴隨修行的菩薩；第二種是久修道行的菩薩，他們得聞甚深經典，不但不畏懼甚深妙義，還能不染著於文辭修飾，在得意忘言之際，如實契入實相真理，所以聞已便能心地清明，願意受持讀誦，進而如說修行，為人解說。

新學菩薩的過失

另外，這些不能痛下決心學習甚深妙法的新學菩薩，又可細分為兩種過失，第一種是當接觸到從未聽聞的深奧經教，例如聽到了「行於非道，即是通達佛道」，或是「煩惱能生菩提」等，感到驚恐怖畏，不能隨順信受，甚至心生懷疑，輕慢毀謗道：「我過去都未曾聞過這種道理，這種道理究竟從哪裡來的？靠得住嗎？」就像很多人對自己用功的法門沒信心或信心不夠，反而疑議這樣的法門是不是真的能增長智慧。

不信和疑是兩個層次，不信是消極的，疑是積極的。不信這種消極的狀態是指信心不夠、信心疲勞或怠惰。疑是主動性地對某個道理不接受、不順從，當出現這種心態時，將使人難以深入法門，通常發生在修行時，深入到一個境界或遇到一個障礙，突然生起狐疑：「還能繼續修下去嗎？這樣做到底為了什麼？」因為擔憂、懷疑，開始找放棄的理由，便可能就此打住了。

從對甚深教義或法門的不信到狐疑，轉而不遜謗法，接著便會產生謗人的第二種過失：當遇到有德有學，又能護持解說甚深經典的人，不但不肯親近，恭敬供養，還口出惡言、說長道短、中傷誹謗，殊不知這種作法卻是自招毀傷，障礙道心的。

有了這兩種因為狐疑和不信，所產生的謗法謗人的過失，可謂自損損人，故新學菩薩也不能在甚深法義中調伏自心，獲得實際的受用了。

受佛陀囑託要弘揚此經的彌勒菩薩，若遭人不信、懷疑甚至毀謗時，會怎麼做呢？白隱禪師為我們做了最佳示範。

昔日禪師住山，山下一戶人家的少女，無端地懷了孕，少女受不了父母的一再逼問，竟說出了白隱禪師的名字。當孩子生下來，少女的父母便帶著孩子去找禪師理論，白隱禪師只說了一句話：「是這樣嗎？」孩子便被留下來撫養。之後，白隱禪師帶著孩子到處化緣，所到之處千夫所指，遭受眾人的辱罵和恥笑。一年之後，少女禁不起良心的譴責，說出孩子的生父另有其人，知道真相的眾人都前往白隱禪師的住處請罪，這時，禪師也只是淡淡地說了一句話：「是這樣嗎？」是非以不辯為解脫，白隱禪師一念慈悲，保全了少女與孩子，雖受盡冷嘲熱諷，卻平常心以對，無怨無悔，等待毀謗之人看清真相而回心轉意。

面對別人的惡意中傷或因誤解而起的誣謗言語時，大部分的人會選擇解釋辯駁，希望能還自己一個真相，以停止詆毀，但通常會由辯白轉諍訟，導致各說各話，添堵更多的情緒、製造更多的誤解。如何才能止謗呢？最好的方法便是反觀自照，反省過失，並心存寬恕，以慈悲心化解怨懟。就如大山不排斥任何砂石，故成其大；巨海能納百川淨穢，故成其廣，包容一切而不辯。

有智慧的人之所以不辯，是因為真理或事實從來不會因為辯或不辯而改變，就像《大智度論》中譬喻，智者看人爭辯，猶如明眼人見一群盲人，爭論種種色相，不會與之共諍一樣。不辯不諍是方法，也是包容的境界，更是佛門的大慈悲。

久學菩薩的過失

不管是誰，或多或少都會有新學菩薩的缺失，而久學菩薩也正是克服了新學的過咎，才成為久修者。更何況，不管再熟練的人，當他開始做任何事時，一定是個新學菩薩，得經過朝夕鍛鍊才能成為熟練者，所以萬萬不可輕視新學或未學。因此，佛陀又針對久學菩薩的過失給予開示，就算是信解深教的久修者，還是會做出自損功德的行為，導致無法證得無生的智慧。

這有兩種原因，第一種原因是對外的，認為自己學問好、見解深、品質高，表現出尊己慢人的態度，輕視驕慢新學的人，不肯給予指導教誨，代表此人雖有深解，卻沒有善用於心；第二種原因是對內的，雖得於甚深之法，內心卻做有所得想，比如說空，而執著有一個實實在在的空；說無相，卻執著一個實實在在的無相，甚至說在實在的空中，不落因果業報法則，那便是大錯特錯的惡取空。因認為有所得，便會起追求心，牢牢地執取不放，乃至妄加分別，也就無法證得不二的智慧了。

彌勒菩薩聞佛咐囑之後，表示：「佛陀慈悲，既以這樣的深法咐囑於我，我一定會避免上述的過患發生，全心全力奉持正法，不會輕易地讓它在這個世間消失。對於未來願意接受大乘佛法的善男子、善女人，也會讓他們可以隨處取得經典，不但如此，我還要加被他們，給予信念，使他們如法受持、虔誠讀誦，並為人廣說。

所以，後末世中如果有人能受持、讀誦、為他人說者，當知這都是憑著彌勒神力建立起來的。」

佛陀聽到彌勒菩薩發此殷重願心，連稱：「善哉！善哉！」於是，法會中的其他菩薩也一起承諾，荷擔如來家業的不單是彌勒菩薩的事，而是每位菩薩的責任，所以我等亦願於如來滅度後，在十方國土廣宣流布正法，同時開導諸說法者，都能對大法有更深刻的了解。四天王是佛教的護法神，在感激之餘也表示，不管是在城市、村落、山林或曠野，只要是有人讀誦解說這部經的地方，都會率領全族前往聽法，並守護講經之人，令眾人安心修學正法。

最後，佛陀交代阿難，你亦要受持這部經，並廣為宣傳流通。阿難接奉佛陀的慈命，立刻回答：「是的，世尊，我已受持。不過，這部經的名字應該叫什麼呢？」佛陀答：「此經名為《維摩詰所說》，又稱《不可思議解脫法門》。」佛陀不掠其美，直接以經名點出本經的說法主就是維摩詰居士，因為已證得不可思議解脫法門，所以亦名之。佛陀說畢，大眾皆大歡喜，信受奉行！

如今，《維摩詰經》穿過時空，歷經千年而不朽，度過漢地到全球，來到現在利益當代的眾生，我們都是因輪迴而流浪生死的凡夫，你是否也願意一起來承擔佛陀的咐囑呢？就像生命需要傳承，佛法的慧命亦是。傳承需要你我，在你我的流浪與追尋、朝聖與擺渡中，堅實地踏出每一步。淨土原生於心，所以朝聖者朝聖自己，擺渡者擺渡自己，只為看破輪迴、回到故鄉，給尋找者一張地圖，令朝聖者反照自心，讓擺渡者觸及彼岸，進而擺渡渡人，自利利他。如此，佛陀咐囑的《維摩詰經》才能綿綿不絕，繼續傳承到未來，利益一切眾生。

智慧人 49

菩薩行 — 維摩詰經的智慧

The Practice of Bodhisattvas: The Wisdom Taught in the Vimalakirti Sutra

著者	釋常啓
出版	法鼓文化
總監	釋果賢
總編輯	陳重光
編輯	張晴、林文理
封面設計	黃宏穎
內頁美編	小工
地址	臺北市北投區公館路186號5樓
電話	(02)2893-4646
傳真	(02)2896-0731
網址	http://www.ddc.com.tw
E-mail	market@ddc.com.tw
讀者服務專線	(02)2896-1600
初版一刷	2023年2月
初版四刷	2024年1月
建議售價	新臺幣300元
郵撥帳號	50013371
戶名	財團法人法鼓山文教基金會—法鼓文化
北美經銷處	紐約東初禪寺 Chan Meditation Center (New York, USA) Tel: (718)592-6593 E-mail: chancenter@gmail.com

法鼓文化

國家圖書館出版品預行編目資料

菩薩行 : 維摩詰經的智慧 / 釋常啓著. -- 初版.
-- 臺北市 : 法鼓文化, 2023.02
面； 公分
ISBN 978-957-598-978-1 (平裝)
1. CST: 經集部
221.721 111019849